AF230260

OBSERVATIONS

SUR

QUELQUES PASSAGES

DU

MANUEL DIPLOMATIQUE.

IMPRIMERIE DE BEAUCÉ-RUSAND, HÔTEL PALATIN, PRÈS SAINT-SULPICE.

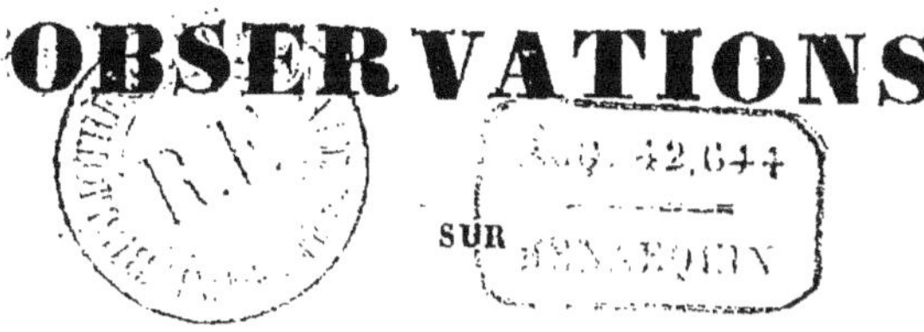

OBSERVATIONS

SUR

QUELQUES PASSAGES

DU

MANUEL DIPLOMATIQUE

DE M. LE BARON

Charles de Martens.

PARIS,

I. P. AILLAUD, LIBRAIRE, QUAI VOLTAIRE, N.° 21.

1825.

AVANT-PROPOS.

Le *Manuel diplomatique* de M. le baron DE MARTENS est devenu le livre élémentaire de la science. J'ai donc cru rendre quelque service aux jeunes élèves à l'instruction desquels cet ouvrage est destiné, en y ajoutant quelques observations sur les passages de cet ouvrage qui m'ont paru avoir le plus besoin d'éclaircissement.

Mon intention n'a été ni de critiquer, ni de compléter le travail de M. DE MARTENS : aussi, ne me suis-je arrêté qu'aux assertions et aux doutes d'une certaine importance, où ce modeste écrivain n'a fait qu'adopter des opinions professées par les auteurs qui l'avaient précédé, et dont les noms commandent, à la vérité, le respect, mais dont l'autorité ne saurait cependant consacrer des doctrines opposées aux droits imprescriptibles des nations.

Il serait à souhaiter que M. le baron DE MARTENS, s'il se décidait à nous donner une nouvelle édition de son ouvrage, la fît précéder d'un précis des principes de la science, auquel il aurait à rapporter les usages des Cours, ainsi que les pratiques suivies dans la diplomatie.

La méthode de renvoyer en note aux ouvrages des publicistes, même les plus distingués, ne peut suppléer au précis que nous venons d'indiquer. D'abord parce que la divergence d'opinions des auteurs ne permet pas d'accorder entre eux les principes répandus dans leurs ouvrages, et ensuite parce qu'il n'est pas possible de supposer que M. DE MARTENS adopte sans exception toutes les doctrines de l'auteur, quelqu'il soit, auquel il renvoie son lecteur toutes les fois qu'il craint de trop s'éloigner de son sujet, en exposant les principes sur la matière qu'il traite.

Que le digne savant dont j'estime les belles qualités autant que je respecte ses lumières, veuille bien apprécier ce vœu, et y reconnaître, ainsi que dans les observations qu'on va lire, l'expression de l'hommage que j'ai eu, en les publiant, l'intention de rendre au mérite de son ouvrage.

OBSERVATIONS

SUR

QUELQUES PASSAGES

DU

MANUEL DIPLOMATIQUE.

DU MINISTRE DES AFFAIRES ÉTRANGÈRES ET DE SES FONCTIONS.

I.

« L**E** ministre des affaires étrangères ne saurait être
» soumis, pour la *conduite générale* de son ministère,
» à aucune responsabilité légale. » *Manuel dipl., pag.* 7.

Cette observation est fort juste; l'auteur entendant
par *conduite générale*, cet ensemble de faits dont chacun
n'a pas la criminalité légale qui seule pourrait rendre le
ministre responsable devant les tribunaux, mais qui,
rapprochés et comparés, autorisent le public à porter
sur la capacité ou l'inhabileté de l'employé, un jugement d'autant plus irrécusable qu'il est impartial.

Mais cette remarque n'est pas exclusivement applicable au ministre des affaires étrangères. Elle est com-

mune à tout homme vivant en société ; car partout où
il y aura une réunion d'hommes, il y aura une opinion
publique qui distribuera l'estime ou le mépris, d'après
ce que l'auteur nomme, très-exactement, la *conduite
générale* de chaque individu.

II.

« C'est au chef de ce département qu'il appartient d'en-
» tamer avec les ministres des Puissances étrangères,
» .... et de conduire à fin les négociations
» proprement dites. » *Man. dipl., pag.* 10.

L'auteur, par ces expressions, et surtout par l'espèce
de distinction que le reste de l'alinéa établit entre les
négociations dans le pays, et celles qui doivent avoir
lieu auprès des Gouvernemens étrangers, par l'entremise des agens diplomatiques qu'on y envoie, semble
poser en principe que les négociations dans le pays ne
sauraient se faire que par le ministre des affaires étrangères, traitant immédiatement avec les ministres accrédités auprès de son Gouvernement. Cependant rien n'est
plus contraire aux principes généraux, ainsi qu'à la
pratique universellement reçue. Partout les ministres
étrangers sont fréquemment dans le cas de traiter *dûment*, et sans que cela déroge à leur qualité, avec des personnes munies d'une délégation, soit générale, comme
celle d'un sous-secrétaire d'Etat, d'un chef de division,

etc. , soit spéciale au moyen de pleins pouvoirs donnés pour *l'affaire* qui est en négociation.

III.

« C'est encore lui qui est chargé .... de régler et
» de faire observer tout ce qui a rapport au *cérémo-*
» *nial diplomatique* , tant pour les agens envoyés en
» pays étrangers , que pour ceux accrédités près de
» son Souverain. » *Man. dipl. , pag.* 11.

Il ne peut être question dans un ouvrage de la nature de celui-ci , que de ce qu'on fait et guéres (si ce n'est par forme d'observation) de ce qui devrait se faire. Écartant donc cette dernière considération, il n'est pas exact de placer dans les attributions nécessairement inhérentes au ministère des affaires étrangères , celles de régler le cérémonial diplomatique. Ces fonctions peuvent fort bien être confiées par le Souverain à des délégués indépendans de ce ministère , tels que les maîtres des cérémonies qui , en effet dans plusieurs cours , appartiennent à un autre département.

Il est encore inexact de dire que c'est au Gouvernement duquel dépend l'agent diplomatique , qu'il appartient de régler le cérémonial qui concerne celui ci dans le pays où il est envoyé. Nul doute que chaque Gouvernement puisse et doive réclamer contre ce qu'il pourrait y avoir de dérogeant dans le cérémonial di-

1*

plomatique usité à la Cour où son ministre est adressé. On peut donc dire qu'il appartient à chaque Gouvernement de régler , *de concert avec les autres Gouvernemens* , tout ce qui tient au cérémonial diplomatique. Mais il en est de même de tous les autres rapports que les Gouvernemens peuvent avoir entre eux. On peut dire aussi en règle générale que c'est par l'intermédiaire du ministre des affaires étrangères , que ces objets sont traités. Mais ils peuvent aussi n'être pas tous dans les attributions ' ce ministère.

IV.

« C'est encore du département des affaires étrangères,
» que sortent les instructions et les ordres donnés,
» sur tous les objets qui sont de son ressort , aux
» consuls et aux gouverneurs ou premières autorités
» constituées dans les colonies. » *Man. dipl., pag.*
11 , *en note.*

Loin de pouvoir donner ce mode comme généralement adopté , il est de fait , au contraire, que, dans la plupart des pays qui ont ou qui ont eu des colonies, les autorités supérieures ne correspondent ou ne correspondaient qu'avec le département de la marine ; et lorsque l'on a voulu les faire ressortir d'une autre autorité , rarement on a détaché des attributions de celle-ci , les affaires qui pouvaient avoir quelque rapport avec tel ou tel autre département.

Quant aux consuls, tantôt on les a fait correspondre directement avec le ministère des affaires étrangères ; tantôt, et plus souvent, surtout dans ces derniers temps, on les a mis simultanément en rapport avec le département du commerce ; soit que celui-ci fût une branche de celui des finances, soit qu'il formât un ministère séparé et indépendant.

V.

« C'est encore sous la direction du *chef* du ministère
» des affaires étrangères , que se trouvent placées les
» archives d'Etat. » *Man. dipl., pag.* 15.

Cette pratique est loin d'être adoptée dans tous les pays. Il en est au contraire où le département des affaires étrangères , ainsi que les autres , ne garde dans ses archives que les pièces relatives aux affaires pendantes, ou à celles qui , quoique terminées, se renferment dans une certaine période , telle , par exemple , que la vie du Monarque régnant. Tout le reste est renvoyé dans les archives générales de l'Etat , dont la direction est généralement confiée au chancelier ou au ministre de l'intérieur.

DES MISSIONS DIPLOMATIQUES.

I.

« Les missions diplomatiques diffèrent selon la nature
» des affaires qui y donnent lieu.

« 1.° *En missions diplomatiques proprement dites*, ayant
» pour objet des affaires d'état ou de politique, et
» donnant lieu à des négociations quelconques ;

« 2.° *En missions de cérémonie ou d'étiquette*, ayant pour
» objet des notifications ou des complimens de féli-
» citation et de condoléance que les Souverains, et
» notamment ceux du premier rang, sont dans le
» cas de s'envoyer ;

» 3.° *En missions fixes*, dans lesquelles, à moins de cas
» extraordinaires, l'agent diplomatique est chargé de
» soigner les objets sus-mentionnés. » *Man. dipl.,*
pag. 14 *et* 15.

L'auteur n'ayant fait qu'indiquer ici la classification
des missions diplomatiques, telle qu'il a cru devoir l'é-
tablir, et se réservant d'en parler plus en détail aux
§. §. 8 et suivans de ce même chapitre, nous suivrons
la même marche. Nous nous bornerons donc à observer sur ce §. 1ᵉʳ que la classification adoptée par M. de
Martens, nous paraît inadmissible : d'abord parce qu'elle
ne répond pas à l'énoncé, et ensuite parce que le principe du partage n'est pas le même pour les trois classes.

S'il s'agit de distinguer les diverses sortes de missions diplomatiques, d'après la nature des affaires à traiter , *les missions fixes dans lesquelles l'agent diplomatique est chargé*, comme dit l'auteur , A MOINS DE CAS EXTRAORDINAIRES , *de soigner les objets sus-mentionnés* , les missions fixes, disons-nous, ne sauraient, au moins sous ce rapport, être distinguées des deux autres classes , puisqu'elles sont destinées à soigner les mêmes objets.

Nous remarquerons encore que le sens des mots n'étant plus arbitraire, il n'est pas permis de dire que *l'usage général nomme* IMPROPREMENT *missions diplomatiques*, celles qui ont pour unique objet des complimens de félicitation ou de condoléance.

Nous parlerons plus loin des distinctions convenues entre les diverses classes de ministres et des attributions de chacune d'elles.

II.

1. « Le droit de constituer des ministres publics qui , près
  » d'un Gouvernement étranger, représentent l'État
  » qui les envoie, n'appartient qu'à ceux qui jouissent,
  » vis-à-vis du Gouvernement auquel on les envoie,
  » d'une indépendance entière. » *Man. dipl. pag.* 17.

2. « Quant à la question si l'on peut recevoir un ministre
  » public de la part d'un usurpateur, les raisons d'État
  » font adopter ou rejeter le principe, selon les vues
  » particulières des Gouvernemens. » *pag.* 18.

3. « Lorsqu'il s'élève des contestations relatives au droit
     » d'envoyer des ministres publics , ou bien que des
     » circonstances politiques rendent difficile d'exercer
     » ce droit publiquement (ostensiblement), de la part,
     » soit de l'une, soit des deux parties intéressées , on se
     » borne à s'envoyer réciproquement des agens diplo-
     » matiques destitués seulement du caractère repré-
     » sentatif. » *pag.* 18 *et* 19.

L'auteur a raison de répéter , après M. de Rayneval ,
qu'il est difficile de réduire cette matière à des principes
pratiques, positifs et irréfragables.

Cependant on ne devrait en venir à des conclusions ,
surtout dans un sujet d'aussi haute importance , qu'a-
près avoir établi des principes aussi positifs et aussi
clairs qu'irréfragables.

Malheureusement on s'est contenté le plus souvent
d'aperçus vagues et équivoques.

Nous allons tâcher de ramener la question à ses
élémens les plus simples ; seul moyen de la débarrasser
des ténèbres dont on l'a environnée.

Celui qui est obéi gouverne ceux qui lui obéissent ;
et aussi long-temps que l'on verra durer cette soumission,
on dira que le gouvernement du corps obéissant réside
dans l'individu qui est obéi.

S'il est reconnu que les stipulations arrêtées entre deux
individus gouvernans, seront, dès qu'ils le commande-
ront, observées et exécutées par les gouvernés, chacun
des gouvernans qui ont à régler des intérêts communs

aux pays qu'ils gouvernent, envoie des agens munis de ses lettres de créance. La valeur de ces lettres de créance dépend, pour celui à qui elles sont adressées, de l'opinion qu'il a de la réalité et de la durée du pouvoir de celui qui les lui adresse; puisque s'il a la certitude que ce dernier peut réellement compter sur l'obéissance de ceux qu'il gouverne, il pourra compter lui-même sur l'observation et l'exécution des articles qui seront convenus. Si, au contraire, il n'y a pas assez de faits pour en induire la présomption de cette obéissance : si l'on sait que ce Gouvernement ne sera pas obéi par un peuple livré aux horreurs de l'anarchie, et qui change chaque jour de maître : si l'on est informé que ce prétendu Gouvernement, quoiqu'il soit obéi dans le moment actuel, ne le sera pas assez long-temps pour que la convention projetée ait son dû effet : si l'on prévoit que l'autorité dont, avant lui, le peuple respectait les commandemens, va se ressaisir du pouvoir, ou même qu'avant de ramener le peuple à son obéissance, elle rendra, ou sans effet ou sans utilité, les conventions que l'on pourrait faire avec les chefs maintenant avoués; dans tous ces cas, disons-nous, il serait également insensé de recevoir des propositions et des agens d'une Puissance sans pouvoir, ou dont le pouvoir n'est qu'éphémère, et de lui envoyer des propositions et des agens.

Aussi, s'il arrive que de tels Gouvernemens envoient des agens diplomatiques, on ne les reçoit point ; ou si l'on espère trouver quelques avantages à écouter leurs propositions, on n'est pas censé faire des actes avoués, et encore moins garantis par le droit public des Nations.

Parce qu'en droit, il n'y a d'actes valables que ceux-là seuls qui reposent sur la bonne foi ; et l'on ne peut supposer la bonne foi à celui qui, au moment où il contracte, sait qu'il n'aura pas le pouvoir de se faire obéir par ceux au nom desquels il stipule , et dont le concours est nécessaire à l'accomplissement des conventions stipulées.

Par contre, lorsqu'un Gouvernement est assuré que les stipulations qu'il fera, dans l'intérêt de ses sujets, avec les agens qui lui sont envoyés , auront leur pleine et entière exécution , et parce que les constituans de ces agens se feront obéir au-dedans , et parce que leur autorité ne saurait être infirmée par la force d'un pouvoir extérieur, alors on ne met point de ménagement , même dans les formes : on traite avec ce Gouvernement ou avec ses agens , et tout ce dont on convient est censé sous la garantie du droit public des Nations.

Ne pas agir de la sorte , par égard pour une Puissance qui n'a plus de pouvoir , ce serait sacrifier les intérêts réels des peuples à une chimère. Car, comme l'a dit finement un des beaux esprits de nos jours , Rivarol , *on n'a pas le droit d'une chose impossible.*

Lorsqu'il sera question des différentes classes d'agens diplomatiques , nous reviendrons sur cet objet dont l'entier développement dépend de la connaissance des principes qui déterminent la catégorie dans laquelle sont placés les agens que les Puissances généralement reconnues envoient près de celles dont l'indépendance est encore problématique.

III.

« Tout Etat souverain , sans en avoir cependant l'obli-
» gation , est en droit de recevoir des ministres pu-
» blics des autres Puissances, à moins que par traités
» ou par des conventions expresses , il ait pris des
» obligations contraires. » *Man. dipl., pag.* 19.

La règle et l'exception nous semblent toutes les deux
aussi inexactes qu'inconvenantes.

Aucun Souverain ne pourrait, sans offenser un autre
Souverain, refuser de recevoir ses envoyés. Toutes les
raisons qu'il pourrait alléguer ne sauraient qu'être in-
jurieuses à celui dont il refuserait de recevoir les ministres, et dérogeantes à sa dignité. Un pareil refus, l'hé-
sitation même, mettrait l'autre Gouvernement dans la
nécessité d'user de représailles. S'il en agissait autrement, il justifierait la mésestime qui seule a pu donner
lieu au refus qu'on a fait de ses envoyés. S'il répondait
par des hommages à une semblable offense, il se rava-
lerait lui-même.

L'obligation contractée avec une Puissance, de ne pas
recevoir des envoyés de telle autre Puissance, suppose
ou une rupture avec cette dernière, ou le concert formé
par les deux premiers Etats, de ne pas considérer le
troisième Gouvernement comme une Puissance. La
première supposition n'est pas le cas dont il est ici question. Nous avons vu dans la précédente observation ,

quels sont les principes de conduite que l'on observe dans la seconde hypothèse.

IV.

« Lorsqu'il s'agit d'une négociation proprement dit ,
» il arrive qu'on lui propose (à la Cour près de la-
» quelle la négociation doit s'ouvrir) , plusieurs in-
» dividus (comme négociateurs) , en lui laissant le
» choix. » *Man. dipl. , pag.* 19 *et* 20.

Dans un manuel diplomatique , il ne doit pas être question de tout ce qu'on fait en diplomatie , mais seulement de ce qui est généralement reçu et avoué. Les complaisances incompatibles avec la dignité de tout Gouvernement , ne sauraient donc y être citées comme des exemples.

V.

« Le droit des gens *universel* ignore la division des mi-
» nistres en différentes classes......... mais le droit
» des gens *positif* de l'Europe , a introduit plusieurs
» classes d'agens diplomatiques. » *Man. dipl.,pag.* 21
et 22.

Le droit des gens *universel* est celui qui dérive des rapports existans entre toutes les nations en général : à la différence du droit des gens particulier à un certain nombre de peuples qui reçoit l'épithète de *positif* dans celles de ses maximes, dont ces mêmes peuples sont expressément convenus.

La distinction des agens diplomatiques en différentes classes, appartient en effet au droit des gens *positif* de l'Europe, parce que les nations de cette partie du globe en sont expressément convenues. Mais il ne faut pas en conclure que c'est une convention tout à fait arbitraire, pur effet des convenances Européennes, et que le droit des gens *universel* pourrait désavouer. Cette distinction, ainsi que nous allons le voir, dérive de la nature des choses, et par conséquent elle rentre dans le droit des gens universel.

En effet, soit que nous considérions la *nature des objets* que l'agent d'une Puissance peut être chargé de traiter auprès d'une autre Puissance, soit que nous considérions le *rang des personnes* de qui ces agens reçoivent leurs pouvoirs et de celles auprès desquelles ils doivent les exercer, nous en voyons résulter des distinctions parfaitement en analogie avec celles que l'histoire de la diplomatie nous représente comme les caractères essentiellement distinctifs des ministres publics que les Puissances s'envoient réciproquement.

1°. Un ministre public peut être accrédité par son Souverain lui-même auprès d'un autre Souverain.

2°. Il peut ne l'être que par le ministre des relations

extérieures de son Gouvernement, auprès de celui d'un autre Gouvernement.

3°. Il peut être destiné à traiter immédiatement avec le Souverain lui-même, auprès duquel il est accrédité :

4°. Ou seulement avec les ministres de ce même Souverain.

5°. Dans ce dernier cas, les ministres avec lesquels il doit traiter, peuvent être munis de pouvoirs immédiats de leur Souverain :

6°. Ou tenir seulement leurs pouvoirs de son ministère.

7°. Les objets à traiter peuvent être d'une nature extraordinaire et d'un intérêt tellement national, qu'ils exigent l'intervention du Gouvernement dont les sujets y sont intéressés :

8°. Ou bien, enfin, ces objets peuvent n'être que d'un intérêt particulier, borné à un certain nombre de personnes, et ressortir des tribunaux ou de quelqu'autre autorité subalterne du pays où ces objets doivent être discutés.

Les agens qui, *accrédités immédiatement* par leur Souverain, sont aussi censés *traiter immédiatement* avec le Souverain auprès duquel ils sont accrédités, occupent le premier rang parmi les agens diplomatiques. On les a désignés sous le nom D'AMBASSADEURS.

La haute hiérarchie dans laquelle sont placés les Souverains, ne permettant guères qu'ils descendent à traiter par eux-mêmes les affaires, avec des personnes d'un rang inférieur, habiliter un envoyé à cet honneur, c'est l'élever en quelque sorte au rang des Souverains. De là cette définition, sans doute très-inexacte, que l'on donne généralement de l'ambassadeur, en disant qu'il n'est distingué des ministres du second ordre, que parce qu'il peut prétendre aux mêmes honneurs dont jouirait son constituant, s'il était présent.

Cette manière de caractériser l'ambassadeur est, ainsi que nous venons de l'observer, doublement fautive.

Premièrement, elle renferme ce que les logiciens appellent un cercle vicieux ; savoir : que l'on est ambassadeur parce qu'on jouit de tels honneurs, et que l'on jouit de tels honneurs parce que l'on est ambassadeur.

En second lieu, il n'est pas exact de dire qu'il peut prétendre aux mêmes honneurs dont jouirait son Souverain, s'il était présent.

Point de doute qu'étant destiné à traiter des affaires évidemment de la plus haute importance, non avec les ministres, mais avec le Souverain même du pays, honneur qui, dans la règle, n'appartiendrait qu'à son propre Souverain, l'étiquette, dans tout ce qui a rapport à cet honneur, ne doive ressembler à celle qui aurait lieu à l'égard du Souverain de cet ambassadeur, s'il venait en personne. Mais cette étiquette ne va pas jusqu'à les égaler sous tous les autres rapports.

Chaque fois qu'il sera question de fixer les limites précises des distinctions à accorder aux ambassadeurs, c'est à ce principe qu'il en faudra venir. Car tout ce qui est arbitraire n'est pas rigoureusement dû ; et ce qu'un Souverain peut avoir accordé à une époque antérieure, ne fait pas loi pour un autre Souverain. Tout ce qu'on peut exiger de celui-ci, c'est qu'il ne fasse pas d'exceptions humiliantes; que, sauf la distinction des rangs, il observe la plus stricte réciprocité; et qu'un principe étant une fois admis par lui, il y reste fidèle et agisse en conséquence.

D'après ces considérations, l'honneur qu'il accorde à l'envoyé d'un autre Souverain, de traiter sans intermédiaire avec lui, amène certaines distinctions, et lui impose à lui-même, ainsi qu'aux personnes de sa Cour, des égards et des étiquettes qui dérivent de cet honneur primitif, et dont on ne saurait se dispenser sans tomber dans une sorte de contradiction. Le nombre et le choix de ces distinctions doivent varier selon les usages et l'état de civilisation de la Cour et du siècle. Elles ne peuvent être assujetties à des règles fixes. On doit nécessairement y remarquer une sorte d'arbitraire. Mais il ne faut pas s'y méprendre : de ce que l'étiquette qui marque la distinction des rangs diplomatiques, est soumise à l'arbitraire, il ne faut pas en induire que cette distinction est elle-même arbitraire, et encore moins qu'elle ne consiste que dans cette différence d'étiquette. De même, si l'étiquette adoptée à l'égard des ambassadeurs, dérivant de l'honneur qu'ils ont de traiter sans intermédiaire avec un Souverain (honneur qui les assimile dans cette circonstance à leur Souverain), les admet à jouir de quelques autres honneurs qu'on n'accorde qu'à un Souverain même, on ne doit pas en induire qu'ils puissent prétendre à *tous* les honneurs qui seraient dus à leur propre Souverain.

Mais si l'envoyé, quoique jouissant de la confiance personnelle de son Souverain, et tenant directement de lui ses pouvoirs, ne doit traiter les affaires dont il est chargé, qu'avec un ministre tenant ainsi que lui ses pouvoirs, immédiatement de son Souverain, il se trouve par cela seul placé dans une catégorie essentiellement différente de celle de l'ambassadeur, et dans un rang inférieur. Ce sont *les ministres du second ordre.*

Par la même raison, l'agent dont les lettres de créance n'émanent pas immédiatement du Monarque, et sont adressées par le ministre des affaires extérieures à celui du Gouvernement près duquel il est envoyé, ne saurait être mis au niveau des ministres du second ordre. Cette distinction est aussi réelle, aussi indépendante des conventions arbitraires, que celle qui existe entre l'envoyé du second ordre et l'ambassadeur. (1)

____

(1) Aussi, lorsqu'il arrive d'avoir à traiter avec ceux qui régissent les affaires d'un peuple en état d'insurrection contre son ancien Gouvernement, et que par égard pour celui-ci, on ne veut pas considérer le nouveau Gouvernement comme s'il était incontestablement indépendant, on ne lui envoie qu'un agent de *troisième ordre*, porteur de lettres de créance, du ministre des affaires étrangères, adressées au Gouvernement même. Par ce moyen, le Gouvernement nouveau est placé au même rang que le ministre qui, au nom de son souverain, lui envoie un agent, et est supposé agir lui-même au nom d'autrui. S'il usurpe une autorité qui ne lui appartient pas, le Souverain lésé en fera justice quand il le voudra ou quand il le pourra. Le Gouvernement étranger ne décide pas la question; il se borne à régler les intérêts réciproques des deux nations en traitant avec celui qui peut seul, dans le moment actuel, faire observer ce dont on sera convenu.

Ce serait de la part du Gouvernement dépossédé une prétention extravagante d'exiger que les nations supportent les inconvénients

Quoique les Gouvernemens aient trouvé convenable d'avoir des agens diplomatiques permanens les uns au-

---

qui peuvent leur advenir de l'interruption de leurs rapports avec le peuple insurgé, pendant tout le temps que son impéritie ou sa faiblesse l'empêchera d'y rétablir l'autorité qu'il n'a pas su conserver. C'est assez rendre hommage aux droits qu'il peut avoir, que de ne considérer le Gouvernement actuel que comme le ministère d'une Puissance quelconque. Cette Puissance dont on paraît supposer que le ministère tient ses pouvoirs, peut fort bien être celle qui prétend avoir le droit de souveraineté. Les Gouvernemens étrangers, en agissant ainsi, ne préjugent rien sur ce droit.

C'est ainsi que le Gouvernement portugais se conduisit en 1821 avec les Gouvernemens de Buénos-Ayres, du Chili, etc., et que dernièrement l'Angleterre et les Pays-Bas viennent d'en user avec ces mêmes États et les autres Gouvernemens établis dans les anciennes Colonies Espagnoles de l'Amérique.

Mais lorsque ces Gouvernemens ont voulu accréditer des ministres auprès des Cours qui ne croyaient pas pouvoir les considérer encore comme définitivement indépendans, ces Cours ont dû se trouver dans l'embarras. Elles avaient pu, en ne traitant avec les Gouvernemens nouveaux que comme avec des ministres d'une Puissance quelconque, laisser en doute quelle était cette Puissance à qui il appartenait de confirmer ou de désavouer ce qu'on allait contracter. Mais aujourd'hui ces nouveaux Gouvernemens, en accréditant leurs agens immédiatement auprès des Souverains, ou en prescrivant à leurs ministres des affaires extérieures d'accréditer des agens auprès des ministres des autres Puissances, ces nouveaux Gouvernemens, disons-nous, se placent eux-mêmes au rang des Puissances : et dès lors recevoir leurs agens, c'est reconnaître leur indépendance la plus absolue.

C'était déjà reconnaître jusqu'à un certain point l'indépendance du nouveau Gouvernement, que de traiter avec lui *indépendamment* de toute autre Puissance. Cependant tant que vous avez eu-

près des autres, il a dû survenir et il est survenu en
effet des affaires majeures qui n'avaient pas été prévues
et sur lesquelles il n'était pas possible de donner par
écrit à l'agent absent, des instructions assez détaillées
ni assez positives ; des affaires même d'une nature trop
délicate pour être confiées à l'agent fixe qu'on a pu
croire assez habile pour les transactions ordinaires, mais

---

des doutes sur sa stabilité, vous avez montré l'intention de ne considérer que lui seul et ceux qui lui obéissent, en nombre plus ou
moins considérable, comme obligés de remplir les engagemens
qu'il aurait contractés avec vous. Ainsi vous n'avez reconnu son
indépendance que relativement au fait en question.

Mais du moment que vous lui adressez ou que vous en recevez
des envoyés, comme de souverain à souverain, vous n'élevez plus
de doute sur la soumission de toute la nation à ses commandemens; et par conséquent vous étendez à toute la nation l'obligation
de tenir les conventions que vous pourriez conclure avec lui. Or,
obligation et *droit* sont des corrélatifs ; ainsi, en considérant toute
la nation comme comprise dans l'obligation de tenir les engagemens conclus en son nom par son Gouvernement actuel, indépendamment de toute autre Puissance, vous considérez ce même
Gouvernement comme en *droit* de traiter au nom de sa nation,
ainsi que tout autre Gouvernement indépendant.

Voilà pourquoi les publicistes ont désigné ce degré d'indépendance par la dénomination d'*indépendance de droit ;* tandis qu'ils ne
nomment qu'*indépendance de fait* celle qui n'induit pas la présomption d'acquiescement de la part de toute la nation aux conventions
de son Gouvernement actuel. Dans ce cas, *l'obligation*, ainsi
que le degré d'indépendance qu'il faut supposer pour rendre la
convention valable, ne regarde que le seul *fait* qui en est l'objet,
et seulement les personnes qui peuvent être considérées comme
y ayant acquiescé.

à qui l'on ne reconnaissait pas assez de capacité pour manier celle qui survenait. On a dépêché dans ce cas des *envoyés extraordinaires* avec des pouvoirs spéciaux pour traiter de ces nouvelles affaires , indépendamment des attributions de l'agent qui se trouvait sur les lieux. Quelquefois on a conservé celui - ci en exercice : d'autres fois on l'a agrégé au nouvel envoyé : quelques fois enfin on lui a ordonné de remettre à ce dernier la gestion entière des affaires.

Ces sortes de missions étant une marque de confiance plus particulière , chacun prétendit en être honoré : et même lorsque l'épithète d'extraordinaire ne pouvait se rapporter à aucun agent en permanence , on a voulu qu'elle désignât au moins par supposition l'importance de l'affaire.

Voilà pourquoi, lors même qu'il n'y a pas de différence réelle qui motive l'application de cette épithète, on est généralement porté à attacher un certain prix à la qualification d'extraordinaire ; de sorte qu'on n'envoie guère aujourd'hui de ministres qui ne soient revêtus de cette qualité.

D'autres raisons peuvent encore avoir concouru à déterminer les Gouvernemens à ne s'envoyer réciproquement que des ministres extraordinaires.

On ne saurait douter que, sous un certain point de vue, ce ne soit de la part d'un Souverain une marque de considération que d'avoir un envoyé en permanence à la Cour d'un autre Souverain. « *Le corps diplomatique,* ainsi que l'observe M. le baron de Martens , page 3 , *indépendamment des heureux effets de son action conve-*

nablement dirigée, embellit le trône, en l'entourant d'une pompe majestueuse à laquelle chaque Souverain semble vouloir contribuer par son représentant. » (1)

Mais d'un autre côté on ne saurait disconvenir que cet hommage peut être également gênant, et pour celui qui le reçoit, et pour celui qui, l'ayant rendu, se trouve en quelque sorte forcé de le continuer. En n'accréditant un envoyé que pour une commission extraordinaire, la prolongation de son séjour, quelle que soit la latitude de ses pouvoirs, ne dépend que de la conclusion de l'affaire qui y est mentionnée, et par conséquent il est loisible à son Gouvernement de le faire retirer dès qu'il croira convenable de déclarer que sa commission est terminée ; et celui qui ne verrait peut-être dans un agent permanent qu'un observateur importun et aposté, ne saurait regarder du même œil

---

(1) Il ne faut pas cependant pousser trop loin cette considération ; et on n'a pas vu sans étonnement M. Canning s'en appuyer, lorsque, interrogé dans le parlement sur les motifs qui avaient empêché l'admission d'un envoyé qu'on savait avoir été accrédité à-la-fois près du Gouvernement Britannique et du Gouvernement Français par un des Gouvernemens de l'Amérique méridionale, il répondit que c'était parce que la Grande Bretagne se croyait en droit d'exiger un *envoyé en entier*. M. Canning ne peut cependant pas avoir oublié ce qui a été pratiqué si souvent par divers Gouvernemens. Sans doute, par une plaisanterie aussi mal assortie à la gravité du sujet qu'à la dignité de la Chambre, il a voulu éviter de dire tout haut que le Gouvernement Britannique trouvait les États de l'Amérique méridionale assez consolidés pour y envoyer des chargés d'affaires, mais pas assez pour recevoir les leurs. (*V oy.* la note précédente.)

l'agent temporaire. L'usage de n'envoyer que des ministres extraordinaires, est donc réciproquement avan-
tageux à la puissance qui envoie et à celle qui reçoit.

La Cour de Rome, à raison du double rapport politique et religieux, a été et est souvent dans le cas
d'adresser des envoyés chargés de traiter directement
avec les Souverains eux-mêmes. Par cela seul que
les lettres apostoliques qui doivent lui servir de
lettres de créance, sont adressées au Souverain, l'envoyé, quel que soit d'ailleurs le nom sous lequel il est
désigné, ne peut être qu'un ministre du premier ordre :
il ne peut qu'avoir le pas sur les autres ambassadeurs
des Puissances catholiques, et par suite, ne fut-ce que
par civilité, sur tous les ambassadeurs en général.

Mais si les lettres apostoliques, quoique émanées
immédiatement du Souverain Pontife, ne sont pas
nommément adressées au Souverain dans les Etats duquel l'agent qui en est porteur doit exercer ses fonctions, cet agent n'est qu'un ministre du second ordre.
Il est presque inutile d'ajouter, après ce qui a été ci-
dessus observé, que si les lettres de créance partent
de l'autorité immédiate au S. Père et non du saint Père
lui-même, et si elles sont adressées au ministre du Souverain près duquel l'agent est envoyé, c'est alors un
ministre du troisième ordre.

Après les trois classes d'agens diplomatiques dont
nous venons de parler, et qui se trouvent comprises dans
les sept premières rubriques de la classification que
nous avons faite ci-dessus, des agens publics en pays

étranger (*voyez pag.* 13 *et* 14.) , viennent les consuls ,
que nous avons entendu comprendre dans la dernière
classe des agens publics.

Supposons que l'agent signalé dans cette huitième
rubrique, se présentât devant les tribunaux ou autres
autorités, muni de pouvoirs en forme des personnes
intéressées ; il serait suffisamment autorisé pour y
défendre les intérêts indiqués dans ces pouvoirs.
Mais, afin d'éviter la multiplicité de pouvoirs indivi-
duels, que selon l'étendue des rapports existans entre
deux nations, un procureur fondé serait dans le cas de
recevoir pour représenter toutes les personnes qui, à
différentes époques , et pour des transactions variables
à l'infini, auraient des intérêts à défendre dans un pays ;
on conçoit que le Gouvernement y pourvoie en dési-
gnant un agent digne de sa confiance , et par conséquent de celle du public ; qu'il prescrive à cet agent
de soigner les intérêts de ceux de ses sujets qui ne pré-
féreront pas nommer un fondé de pouvoir spécial , ou
qui , à raison de l'éloignement ou de toute autre cause,
n'auraient pas la possibilité d'y pourvoir eux-mêmes ; et
qu'il lui donne un titre suffisant pour qu'il puisse représenter valablement chacun de ces sujets , sans qu'il
soit besoin de leur délégation indiduelle.

On ne saurait mettre en doute que cette prévoyance
du Gouvernement qui appointe le consul, (surtout après
que le Gouvernement du pays où celui-ci est destiné
à surveiller les intérêts commerciaux de la généralité
de la nation, y a donné son consentement) ne permet
plus de le considérer comme un simple agent particulier.
Souvent aussi les consuls sont expressément investis par

leurs gouvernemens d'attributions qui les placent dans une des trois classes d'agens diplomatiques, et notamment dans la troisième (car il serait inconvenant, quoique possible, de les investir du caractère du premier et même du second ordre). Mais tant que le Gouvernement ne les élève pas à ce rang, ils ne sont guères considérés que comme fondés de pouvoirs pour les affaires que les intéressés peuvent à leur choix, ou soigner eux-mêmes, ou confier aux soins de toute autre personne qu'il leur plaira de choisir. Ils représentent les particuliers et agissent en leur nom devant les autorités judiciaires et administratives du pays, absolument dans la même forme et d'après les mêmes lois qui règlent les rapports des habitans avec ces mêmes autorités. Ils ne sauraient donc prétendre à aucun privilège, ni immunité. La loi commune qui les considère comme des procureurs des droits civils, leur garantit suffisamment le libre exercice de leurs pouvoirs. L'agent diplomatique, au contraire, étant chargé de défendre des droits politiques, et devant procurer leur accomplissement, est placé en dehors de la loi commune, et sous la sauve-garde de la loi des Nations.

Il peut y avoir eu et il y a eu en effet de l'arbitraire dans l'étiquette où le cérémonial observé par différentes Cours, à l'égard des agens diplomatiques. Quelques-unes peuvent avoir, à diverses époques, marqué arbitrairement des distinctions de rang entre les membres de ce corps. Mais ces distinctions de fait, souvent pratiquées sans réflexion et sans qu'on puisse en donner une raison satisfaisante, ne prouvent nullement qu'il n'y en ait pas de droit. On peut avoir ou trop distingué ou trop confondu, sans qu'on puisse en induire qu'il n'existe pas de principes fixes d'après lesquels on doive distinguer et caractériser les divers ordres de mandataires. Il n'est ni loisible ni indifférent d'augmenter ou de diminuer le nombre des classes de ces agens, quoique l'espèce d'honneurs que l'on accorde à chacun de ces ordres dépende absolument du choix des Gouvernemens, et doive nécessairement varier suivant les lois des convenances, lois qui sont elles-mêmes fort variables, et qui dépendent de l'état de civilisation et des usages reçus chez les divers peuples et en différens siècles.

Ainsi, quelle que soit la dénomination de l'agent diplomatique, *ministre*, *ministre résident*, *ministre chargé d'affaires*, *consul avec caractère diplomatique*, *etc.*, dès qu'il n'est accrédité que par le ministre des affaires étrangères de son pays, il n'est qu'un ministre du troisième ordre.

On ne saurait en distinguer le *chargé d'affaires ad interim*, c'est-à-dire, celui qui n'est présenté que par le ministre accrédité, pour gérer les affaires en son absence. Le délégué ne peut déléguer, à moins d'y être expressément autorisé par son constituant. C'est un principe de droit universel. Ainsi le ministre accrédité ne pourrait se faire remplacer, même *ad interim*, par qui que ce fut, s'il n'était autorisé par son Gouvernement à le faire. Lors qu'il le fait, il est supposé en avoir l'autorisation, et dès-lors le subdélégué accrédité par le ministre de sa Cour, auprès du ministre des affaires étrangères de celle où sa mission a lieu, se trouve être un mandataire du troisième ordre ; puisque ses pouvoirs ont les mêmes garanties que ceux des agens accrédités immédiatement par le ministre des affaires étrangères.

Quelquefois, comme l'auteur l'observe, les chargés d'affaires *ad interim* ne sont accrédités que verbalement par leurs ministres : mais c'est évidemment un abus. On est convenu d'ajouter foi, par exemple, aux lettres de créance d'un envoyé, aux pleins-pouvoirs d'un négociateur ; on ne se permet pas d'élever des doutes sur l'authenticité de ces diplomes, à moins qu'ils n'offrent des marques trop évidentes ou de supercherie ou de fausseté, pour qu'on puisse leur accorder pleine confiance. Cependant ces diplomes sont remis entre les mains du Gouvernement auprès duquel ils accréditent l'envoyé, parce que c'est par le moyen de ces pièces que l'on peut obtenir la responsabilité de qui de droit.

De même, chaque fois que le cas se présente pour le ministre accrédité, d'établir un subdélégué même *ad interim*, il faut que cela ait lieu par écrit. On doit, il est vrai, d'après la teneur de ses lettres de créance, ajouter foi à tout ce qu'il dira, dans les intérêts et pour le service de son Gouvernement : mais encore pour toutes les démarches de quelque importance qu'il peut faire, il faut que le Gouvernement auprès duquel il les fait, en ait un document, seul moyen de constater l'exactitude des faits : et ce document est bien plus nécessaire encore, lorsqu'il s'agit de légaliser la compétence de la personne qui doit valablement représenter le Gouvernement dans toutes les affaires qui peuvent survenir en l'absence de celui qui est accrédité ; même dans les plus importantes.

VI.

Des Consuls. Man. dipl. §. 13, pag. 27.

Nous ne citerons aucun passage de ce paragraphe en particulier. Nous nous bornerons à déduire des principes établis précédemment sur la nature du mandat des consuls, les conséquences nécessaires pour apprécier quelques doctrines émises par M. le baron de Martens, au sujet des consuls, et qui ne nous paraissent pas s'accorder avec ces mêmes principes.

Le consul, avons-nous dit, peut n'être qu'un simple fondé de pouvoirs établi par la prévoyance soit du Gouvernement, soit des particuliers, pour défendre auprés des autorités ordinaires, les intérêts des individus qui voudront se servir de lui ; mais ces individus peuvent employer tout autre agent, les fonctions à remplir, n'étant que celles indiquées par la loi commune, et dont tout procureur fondé péut être chargé.

Cependant, rien n'empêche le Gouvernement de donner à ce même agent, qui jusques là n'est qu'un simple particulier, le caractère de ministre public, en le chargeant de procurer auprès des autorités du pays, non-seulement les intérêts des individus qui voudront ou seront censés vouloir se servir de son entremise, mais aussi les intérêts de l'Etat lui même, dans telle latitude qu'il plaira au Gouvernement de lui accorder sa confiance. Si cette commission du Gouvernement se borne aux intérêts courans du commerce, et à les soutenir devant les tribunaux et autres autorités inférieures, le consul ne sort point du rang qui le caractérise. Il est toujours un simple agent commercial. Mais si son Gouvernement lui attribue des fonctions plus élevées ; s'il le charge de se présenter au ministre des affaires étrangères (en l'absence du ministre accrédité), de solliciter en faveur des intérêts non-compris dans le ressort des autorités subalternes, d'y demander des décisions sur des points étrangers à la loi commune, et pour lesquels il faut avoir recours au droit des nations ; si le consul est autorisé par son mandat à prononcer sur les différends qui pourront s'élever entre ses nationaux, et qui ne sauraient compromettre l'ordre public du pays où il est employé ; enfin (pour ne pas trop multiplier les exemples), s'il est habilité à donner des passe-ports aux individus de sa nation, dans les cas désignés par son Gouvernement ; on ne peut douter que le consul, revêtu de ces divers pouvoirs, ne doive être considéré comme un agent public, servant les intérêts de son Gouvernement et de sa nation en pays étranger, et que par conséquent il ne doive y jouir d'une protection autre que celle accordée par la loi commune à celui qui n'est chargé que des intérêts compris dans le droit civil. Il est alors dans le même cas que tout autre agent diplomatique : les grands intérêts nationaux pouvant inspirer à son égard, soit à des particuliers, soit à des autorités du pays, des procédés injurieux contre lesquels les lois civiles seraient impuissantes, il faut que la loi des nations en éloigne le danger.

Ainsi, quoique les consuls privés de ces attributions n'en soient pas moins *consuls*, il est vrai de dire, comme s'exprime M. de Martens, qu'on ne peut pas, *quant à leurs prérogatives, les ranger dans la classe des ministres publics*. Mais ce n'est pas, comme il ajoute, parce qu'ils n'ont que *des lettres de provision*, et qu'ils ne peuvent entrer en fonctions qu'après avoir obtenu *l'exequatur*; c'est parce qu'ils ne sont pas revêtus des attributions ci-dessus indiquées, qui peuvent seules leur conférer un caractère public. Du moment où leur Souverain leur donne ces attributions, quelle que soit la forme du diplome, ils deviennent par ce seul fait des ministres publics. Tout agent étranger pour exercer des fonctions quelconques dans un pays, a besoin du consentement du Gouvernement local. Peu importe que ce consentement soit donné par écrit, ou par toute autre démonstration extérieure qui en constate la réalité. Lorsque les fonctions de l'agent étranger ne doivent être exercées qu'auprès du Gouvernement lui-même, le consentement par écrit devient inutile. Si, au contraire, cet agent doit avoir des rapports avec des autorités plus ou moins éloignées du Gouvernement suprême, le consentement par écrit de ce dernier, ou comme on est convenu de le nommer *l'exequatur*, devient absolument nécessaire. Mais cette formalité n'établit aucune différence de catégorie entre cet agent et celui qui n'en a pas besoin.

La forme du diplome donné par le Gouvernement aux consuls, ne peut non plus apporter de différence de classe entre eux et les agens publics. Ce diplome est un instrument portant *spécialement* des pouvoirs qui doivent être déployés devant les tribunaux et autres autorités subalternes, pour traiter de matières civiles et selon la loi commune. Il ne saurait être adressé à quelqu'un en particulier. On a jugé qu'il devait être conçu en style général, sauf à y insérer, si on le croyait convenable, *mais comme partie accessoire*, l'autorisation de soigner des intérêts qui sortent de la sphère de la loi commune. C'est par cette partie accessoire qu'on met l'agent ou le consul en rapport direct avec le Gouvernement suprême; qu'on le place sous les auspices du droit des gens; qu'on l'élève à la catégorie des ministres publics immédiatement accrédités près des ministres des relations extérieures, et qu'il se trouve par conséquent placé au troisième rang du corps diplomatique.

~~~~~~

DES DROITS, DES PRÉROGATIVES ET DES IMMUNITÉS DONT JOUISSENT LES AGENS DIPLOMATIQUES.

I.

1. « Le droit des gens positif regarde non-seulement le
» ministre, quant à sa personne, mais encore tous
» les gens de sa suite, son hôtel et même ses car-
» rosses, comme étant hors du territoire étranger. »
Man. dipl., *pag.* 46.

2. « Les dettes qu'un ministre étranger peut avoir con-
» tractées avant ou pendant le cours de sa mission,
» ne peuvent point autoriser..... la *saisie* des biens,
» meubles et immeubles qu'il possède en sa qualité
» d'agent diplomatique. » *pag.* 49.

3. « On ne peut point admettre en principe qu'un mi-
» nistre, par un *attentat* quelconque *contre la per-
» sonne du Souverain*, ou contre la *sûreté du Gou-
» vernement* près duquel il réside, perde ces préro-
» gatives éminentes (savoir : que les tribunaux ne
» peuvent point intenter ou instruire de procès contre
» sa personne.) » *pag.* 51.

4° « Quant aux personnes qui ne sont employées qu'au
» service *particulier* du ministre, telles qu'un *méde-*
~~~~~~

» *decin*, un *secrétaire particulier*, les *officiers de sa*
» *maison* et les *gens à livrée*, ils jouissent tous, comme
» appartenant à la suite du ministre, de la protec-
» tion spéciale du droit des gens , et ne sont point
» par conséquent sujets aux lois et à la juridiction
» du pays près lequel le ministre est accrédité. »
pag. 100.

Il en est des prérogatives comme des honneurs accordés aux agens diplomatiques. On ne saurait nier qu'il y
ait de l'arbitraire : mais tout n'y est pas arbitraire. On
peut donc se trouver embarrassé lorsqu'il faut déterminer
exactement ce qui dérive de la nature des fonctions de
ces agens , ou ce qui dépend seulement des égards que
veut bien leur accorder le Gouvernement auprès duquel
ils sont accrédités.

Quoiqu'il en soit , toutes les fois que l'on aura prouvé
la nécessité de telle ou telle immunité pour que l'envoyé puisse dûment s'acquitter de la mission dont il est
chargé , on aura démontré que la concession de cette
immunité n'est pas arbitraire. Mais toutes les fois qu'il
sera question de prérogatives, de privilèges ou d'étiquettes
qui n'ont pas un rapport nécessaire avec le but de la
mission, et qui ne sont destinées qu'à mieux en assurer le
succès , ou à témoigner le degré de considération que
l'on a , soit pour le Gouvernement, soit pour la personne
même de l'envoyé, on ne devra les considérer que comme
dépendantes du bon plaisir du Gouvernement qui les
accorde, ou simplement comme le résultat de conventions existantes entre les deux Puissances.

D'après ces données, on ne peut contester la justesse des principes de l'auteur, quant à la personne de l'envoyé. Mais lorsqu'il ajoute que *l'immunité s'étend à toutes les personnes de sa suite*, son assertion devient trop générale.

On doit distinguer dans ce qu'on appelle la suite de l'envoyé, les personnes dont les attributions appartiennent à la mission elle - même, de celles dont le service auprès des premières n'intéresse nullement le but de la mission. Toute faveur, toute exemption que l'on accordera à ces dernières, seront autant d'hommages déférés à la mission. Mais le refus que ferait le Gouvernement du pays, de considérer les gens du service personnel du ministre, comme jouissant d'un privilège quelconque, ne doit pas être regardé par celui-ci comme une offense, encore moins comme une *violation* de ses propres privilèges. Ces privilèges ne dérivant que des intérêts de sa mission ne sauraient s'étendre à des individus dont le sort ne peut en aucune manière y porter atteinte ou nuire à son accomplissement.

L'immunité même dont la personne du ministre jouit incontestablement au plus haut degré, ne doit pas être portée aussi loin que l'avance l'auteur, et *l'exempter*, comme il le dit d'une manière qui nous paraît trop générale, *d'être jugé par les tribunaux du pays, même lorsqu'il s'est rendu coupable d'attentats contre le Gouvernement auprès duquel il est accrédité; soit qu'il ait agi par ordre de sa Cour, soit que ç'ait été de son propre chef.*

Sans doute, lorsque cet attentat n'est que le fait particulier de l'envoyé, ce n'est pas par lui-même que le Gouvernement outragé peut en prendre vengeance. Le Gouvernement dont l'envoyé a violé la loi des nations, étant le premier offensé par le crime de cet envoyé, ne peut être privé du droit de lui en infliger la punition. Mais s'il est prouvé au tribunal de la raison, qui est celui des nations, que le Gouvernement de l'envoyé est lui-même instigateur ou complice de l'attentat commis par celui-ci, et que loin de l'en punir, il est disposé à l'en récompenser, le Gouvernement de la nation offensée a le droit alors de se constituer accusateur et partie, et de faire juger l'envoyé avec des formes triplement solennelles, si l'on veut, pour éviter tout soupçon de partialité, mais dans le pays même; puisqu'en violant le premier le droit des gens, l'envoyé s'est mis hors d'état d'en invoquer la protection.

———

II.

» Des traités, des conventions et encore plus l'usage
» établi dans la plupart des Cours de l'Europe, ac-
» cordent aujourd'hui aux ministres de première et
» de seconde classe, l'exercice d'une juridiction par-
» culière, quoique limitée, sur les gens de leur suite. »
Man. dipl. pag. 53.

La juridiction exercée par le ministre étranger, peut ne concerner que des individus appartenans à sa nation, ou s'étendre aussi à des étrangers. Ses décisions peuvent avoir leur effet dans le pays qui lui a conféré cette juridiction, ou dans celui-là même où il l'exerce.

Ces distinctions établies, on voit que la validité des actes de juridiction exercés par un agent diplomatique, uniquement sur des sujets de son propre Souverain; ou ne devant avoir leur exécution que dans les états de celui-ci, dépend de l'étendue des pouvoirs dont chaque Gouvernement investit ses agens en pays étranger. Quant aux décisions relatives aux personnes et aux intérêts des personnes qui ne sont point sujettes aux lois du Souverain de qui le ministre tient ses pouvoirs; elles ne peuvent avoir de valeur sans le consentement de ces mêmes personnes.

De même si c'est dans le pays où le ministre réside, que ses décisions doivent être exécutées, ce n'est que du consentement des autorités locales et avec leur concours, qu'elles peuvent avoir leur exécution.

Ainsi la juridiction accordée à un agent diplomatique par son Gouvernement sera valable envers les sujets de ce Gouvernement et dans ses États. Mais elle n'aura aucun effet envers les sujets ou dans les États d'un autre Souverain, qu'autant que ce dernier y aura préalablement et expressément consenti. Ceci embrasse également la *juridiction contentieuse* et la *juridiction volontaire*, ou comme l'auteur les nomme *l'autorité et la compétence*.

L'application de ces principes destinés à limiter les diverses assertions de l'auteur, dans ses paragraphes 25 et 26, nous paraît tellement facile, que nous croyons pouvoir nous dispenser d'analyser minutieusement leur contenu.

III.

« C'est par suite de l'exterritorialité que l'on étend
» même sur l'hôtel du ministre, que l'on doit aussi
» admettre en principe que, tant qu'il s'agit d'un délit
» ou d'un crime commis dans l'intérieur de l'hôtel
» par les gens de la suite du ministre ou bien sur eux,
» et que le coupable a été saisi dans l'hôtel, le Gou-
» vernement près lequel le ministre est accrédité, ne
» peut sous aucun titre quelconque en demander l'ex-
» tradition pour le faire juger par ses tribunaux. »
Man. dipl. pag. 56.

On voit que l'auteur dérive ses conclusions du principe de l'exterritorialité accordée à l'hôtel du ministre
étranger. Il faut donc commencer par bien préciser cette
qualification de l'hôtel d'un agent diplomatique.

Le principe de l'asile appliqué à tout domicile est
tellement établi de l'aveu unanime des écrivains, et par
le consentement général des Nations, qu'il serait plus
que superflu de nous arrêter à démontrer que la demeure d'un envoyé étranger doit être inviolable ; mais
nous ne pouvons passer sous silence que les raisons de
l'inviolabilité de la maison d'un ambassadeur sont en
tout point les mêmes qui font regarder par les publicistes la demeure du simple citoyen comme inviolable.
La différence ici n'est que du plus au moins ; c'est-à-
dire que les inconvéniens dont la juste prévision a fait

interdire à la force publique l'entrée de la maison d'un citoyen , si ce n'est avec les précautions déterminées par une sage législation ; ces inconvéniens , disons-nous, se présentent avec beaucoup plus de gravité lorsqu'il s'agit de la demeure d'un agent diplomatique ; d'ailleurs, ainsi que nous l'avons dit plus haut, le simple citoyen est suffisamment garanti par la loi commune ; le ministre étranger doit encore être protégé par la loi des Nations.

Ainsi il n'existe aucun rapport entre l'inviolabilité (seule signification admissible de *l'exterritorialité*) de l'hôtel de l'ambassadeur, et le devoir de l'extradition dont il s'agit dans le passage cité. La force publique n'a le droit, à aucun titre, de violer l'asile de l'hôtel du ministre étranger. Mais on ne doit pas en induire que le ministre étranger ait l'absurde droit d'assurer dans son hôtel l'impunité aux malfaiteurs , et encore moins que les nationaux perdent le droit d'être jugés par leurs juges naturels (les tribunaux du pays), parce que le crime commis par eux, ou sur leurs personnes , l'a été dans l'intérieur de l'hôtel.

Lorsque le crime a été commis par le national , celui-ci a le droit d'être jugé par les autorités du pays : comme aussi un débiteur du ministre ne peut être cité pour le paiement de cette dette, que pardevant les tribunaux civils de ce même pays. Il serait absurde de prétendre que le délinquant ou le débiteur saisi dans l'intérieur de l'hôtel dût y être jugé par le ministre, ou être envoyé dans le pays de celui-ci pour y être jugé. Le ministre peut se porter partie contre l'accusé ou contre le débiteur, pardevant les autorités locales : et celles-ci doivent être considerées comme impartiales entre l'étranger plaignant et le national défendeur.

Mais lorsque le crime a été commis sur le national, par les personnes de la suite du ministre ou par le ministre lui-même, il faut distinguer les coupables jouissant du privilège diplomatique de ne pouvoir être traduits que devant les autorités du pays qui les a envoyés, de ceux qui, quoiqu'appartenans à la suite du ministre, ne peuvent se prévaloir d'une faveur qui n'est pas relative à sa personne, mais à la mission dont il est chargé.

Ainsi, lorsque les prévenus d'un crime ne sont attachés qu'au service personnel du ministre, ils ne peuvent être distraits de la juridiction des autorités locales, et par conséquent le ministre est tenu de les leur faire livrer. Si, au contraire, les accusés sont, par la nature de leurs fonctions, attachés à la mission même, ils cessent d'être justiciables des autorités locales, et doivent être traduits devant leurs juges naturels. Dans ce cas, il n'appartient pas aux tribunaux du pays où le délit a été commis, de prononcer un jugement contre les prévenus de ce délit; mais la procédure doit être instruite par eux. Aucune circonstance, aucun privilège ne peut dépouiller la partie offensée et plaignante, du droit de faire procéder aux informations, sur les lieux, par les autorités locales auxquelles la loi commune en défère le pouvoir : celles-ci pourront faire comparaître devant elles toutes les personnes dont les déclarations ou les dépositions seront nécessaires à l'enquête, et tant que cela ne compromettra pas d'une manière réelle et non fictive les intérêts politiques de la Puissance à laquelle le défendeur appartient. C'est cette enquête, cette procédure qui fournira au plaignant les moyens d'appuyer sa plainte devant les autorités étrangères qui doivent connaître du fond de l'affaire. C'est assez qu'en considération des intérêts majeurs des Nations, le plaignant soit distrait des juges naturels des causes criminelles, et forcé d'aller demander justice dans un pays éloigné, où, en admettant même la plus parfaite impartialité de la part des juges, il restera toujours à l'accusé la ressource du défaut de preuves et d'évidence.

Ici ont leur application, les principes posés par l'auteur, pages 54 et 55 du manuel, sur la manière dont on doit s'y prendre pour obtenir les *dépositions* des personnes de la mission qui jouissent d'immunité. Seulement il faut ajouter, pour le cas dont nous nous occupons, que si les juges d'instruction trouvent insuffisantes les dépositions obtenues dans les formes indiquées par l'auteur, on devra se conduire d'après la loi commune, sauf les égards que les usages du pays ont introduits envers les personnes de haut rang, lorsque le droit des parties ou celui de la justice offensée exige qu'on prenne la déposition de tels personnages. En observant ces égards, et en renfermant l'enquête dans les limites nécessaires à l'instruction de la procédure, personne, l'ambassadeur lui-même, ne saurait se refuser à faire la *déposition* requise.

Le doute indiqué par l'auteur dans la cinquième note de cet alinéa, sur le droit d'un ministre du troisième ordre, à recevoir les dépositions des personnes de sa suite , ne dérive pas du point de vue sous lequel les auteurs qu'il cite ont envisagé cette attribution. Les pouvoirs dont un Souverain a bien voulu revêtir son agent dans les pays étranger , sur les gens de sa suite et de sa Nation , etc. , sont la seule mesure de la validité de ses actes , pardevant les autorités de son propre pays.

Quant à ceux de ces actes qui doivent avoir leur effet dans le pays étranger, il dépend absolument des lois de celui-ci de leur accorder tel degré de force que le législateur croira compatible avec les intérêts de sa Nation. Il peut accorder la plus entière validité aux dépositions réçues par les ministres du troisième ordre , comme il peut les refuser à celles reçues par les ambassadeurs. Dans ce dernier cas, les juges d'instruction du pays se saisiront de plein droit de l'affaire : et l'ambassadeur , ainsi que les personnes de sa suite , participant de son immunité , n'auront à prétendre que l'observation la plus stricte des égards dus à leur rang ; mais ils ne sauraient se refuser, ainsi que nous l'avons dit ci – dessus , à donner les informations auxquelles les parties intéressées ont un droit qui ne peut pas leur être contesté.

L'auteur ajoute dans son dernier alinéa , pag. 47 , que « lorsque les personnes de la suite d'un ministre, ne
» sont pas à ses gages , mais qu'elles sont nommées par
» le Gouvernement pour être attachées à la personne
» du ministre , et que celui-ci, sans des instructions
» spéciales, n'est point en droit de les renvoyer, les rap-
» ports qui résultent d'un délit commis par ces per-

» sonnes, rendent plus difficiles les affaires de cette
» nature ». Quoique cet alinéa ne renferme au fond rien
de positif, il contient des assertions incidentes qui ont
besoin d'être éclaircies.

Premièrement, ce n'est pas la caisse d'où sortent
les gages des personnes attachées aux missions diplomatiques, mais bien l'espèce de leurs attributions, qui
leur donne droit, ainsi que nons l'avons dit ci-desus,
à partager les privilèges de cette classe des ministres
publics, ou qui les exclut de ce droit.

En second lieu, les chefs des missions diplomatiques,
loin d'avoir besoin d'instructions spéciales pour mettre
hors d'exercice les personnes attachées par leur Gouvernement à la mission dont ils sont chargés, sont
supposés jouir de ce droit dans toute sa plénitude, à
moins qu'il ne soit spécialement limité dans leurs instructions. Ce droit est inhérent à la nature des emplois
de confiance. Vouloir en priver le ministre, éloigné
de l'autorité d'où émanent les décisions suprêmes, ce
serait aggraver une responsabilité aussi indéterminée
qu'indéfinissable, ou plutôt ce serait la rendre absolument nulle : car le cas peut arriver où il n'aurait d'autre
moyen d'empêcher que son honneur et les intérêts de
son Gouvernement ne soient compromis, que d'éloigner
de la connaissance des affaires et de l'exercice de leurs
places, les subalternes qui lui ont été donnés.

Enfin, il n'est pas fort difficile de savoir quelle doit
être la conduite du ministre à l'égard de ceux de ses
subalternes qui se rendent coupables ou suspects d'un
crime dans le pays où il exerce sa mission. Si, par la na-

ture de leurs fonctions, ils se trouvent sous la protection du droit des gens, le ministre ne doit pas les livrer aux autorités locales pour être jugés par elles. Il doit donc les renvoyer pardevant leurs juges naturels : et ceux-ci étant désignés par les lois de son pays, il ne peut jamais se trouver dans l'incertitude sur ce point. Il n'a d'ailleurs rien à décider quant à la compétence : il lui appartient seulement de référer l'affaire à son Gouvernement.

IV.

« Le droit des gens positif exempte de toute juridiction
» et par conséquent de toutes saisies, les biens
» meubles qu'un ministre étranger possède en sa qua-
» lité d'agent diplomatique, lors même qu'il n'aurait
» point à son départ satisfait ses créanciers....... Il
» en est autrement quant à ceux qu'il serait dans
» le cas de posséder à d'autres titres, comme à celui
» d'exécuteur testamentaire, ou de négociant, ce
» qui a lieu quelquefois dans les places maritimes
» chez les consuls ». *Man. dipl. pag.* 58 *et* 59.

L'auteur limite le principe général de la non saisie des biens meubles des ministres étrangers ; en disant qu'il en est autrement quant à ceux qu'ils seraient dans le cas de posséder à d'autres titres, comme à celui *d'exécuteur testamentaire ou de négociant, etc.*

On doit observer sur ce point que les consuls, en cette seule qualité, c'est-à-dire tant qu'ils ne sont chargés que de *pouvoirs particuliers*, comme nous l'avons remarqué déjà, ne jouissent d'aucun des privilèges ou immunités accordés aux membres du corps diplomatique. Il est vrai que le plus souvent les Gouvernemens investissent les consuls d'un nombre plus ou moins considérable d'attributions publiques, et que par là ils se trouvent élevés au rang d'agens diplomatiques. Mais cela est fait d'une manière si indéterminée, que l'on est généralement dans l'usage de ne point exempter de la saisie pour dettes les biens immeubles des consuls, quoique d'ailleurs on leur accorde d'autres exemptions (1).

Cependant l'ambassadeur, de même que le consul, cesse de jouir de cette immunité du moment où, sortant de son rang, il exerce le commerce et se place par ce seul fait sous la loi commune. Par les contrats qu'il aura faits sous la bonne foi, comme de marchand à mar-

---

(1) Le Gouvernement Portugais, dans la double intention de régulariser le service consulaire en le centralisant, et de faire cesser cette fausse position où se trouvent généralement les consuls, avait fondu les corps diplomatique et consulaire dans un seul corps, en n'employant dans les consulats que des personnes attachées à la mission diplomatique résidant dans le pays, et en investissant le chef de cette mission des attributions du consulat général.

Cet arrangement ayant été agréé par les Puissances étrangères, leurs consuls furent alors, par réciprocité, considérés en Portugal comme membres du corps diplomatique. Voy. le *Rapport du ministre des affaires étrangères*; DIAR. DO GOVERN., du 16 janvier 1823.

chand, il s'est volontairement désisté de ses privilèges; et, si d'après les lois du pays, tous les biens autres que ceux dépendans du contrat même, répondent des engagemens contractés, l'ambassadeur, en contractant, a soumis tous ses biens sans exception à cette responsabilité. Aussi la défense de négocier est considérée comme inhérente au caractère diplomatique de quelque ordre qu'il soit, et presque tous les Gouvernemens l'étendent à leurs consuls généraux.

Il y a encore une exception à faire au principe trop généralement énoncé par l'auteur, que les effets particuliers ainsi que les meubles de l'hôtel du ministre, ne sont point susceptibles d'être saisis, lors même qu'il n'aurait pas, à son départ, satisfait ses créanciers.

Les papiers des ministres et les objets nécessaires pour leur garde, ainsi que ceux dont il jugerait avoir besoin pour l'usage de sa personne, pendant son séjour, ou en se retirant, ne sauraient être saisis sous aucun prétexte, sans que le but de sa mission fut compromis ; et dès-lors tous ces objets sont mis sous la sauve-garde du droit des gens. Les autres ne jouissent d'immunité qu'autant que les lois du pays la leur accordent. Les créanciers doivent se résigner quant aux objets que le ministre, d'après son bon plaisir, voudra leur soustraire. Pour tout le reste, aucune autorité ne pourrait leur en interdire la saisie, sans attaquer essentiellement le droit sacré de propriété.

Ainsi, du moment où le ministre est parti, emportant avec lui, ou ayant préalablement mis en sûreté tout ce qu'il a voulu faire regarder comme essentiel à sa mission, les meubles, les effets qu'il a laissés en arrière, ne sauraient être soustraits à la responsabilité, dont, par ce seul fait, il les a lui-même frappés. De même, si le ministre vient à mourir dans le pays et en exercice, après que les autorités compétentes (indiquées par l'auteur pag. 143, §. 67 du manuel), ont mis en réserve et en sûreté tout ce qui peut intéresser la mission dont il était chargé, tout le reste de ses meubles et effets subit les dispositions de la loi commune, et ne jouit d'autres exemptions que celles qui pourraient être accordées à tout autre individu de la même Nation.

———

V.

1. « *L'hôtel* du ministre public, quoique exempt du
» logement militaire et des charges, qu'en beaucoup
» de pays on y a substituées, ne l'est point toutefois
» des *impositions foncières* auxquelles il est assujéti,
» comme le seraient les propriétés en biens fonds,
» appartenant aux indigènes ». *Man. dipl. pag.* 59.

2. « C'est en vertu de l'exterritorialité accordée aux mi-
» nistres étrangers, qu'ils sont exempts, tant pour
» leur personne que pour les gens de leur suite, de
» tout impôt *personnel* ». Ibid.

3. « Le ministre étranger doit, au surplus, se conten-
» ter de ce qu'à la Cour près de laquelle il réside, on
» accorde aux ministres de *son rang*, à moins qu'il

» n'ait à réclamer une *immunité particulière, fondée*
» *sur des conventions spéciales, ou bien à titre de réci-*
procité. » pag. 60.

4. « Relativement à ce que l'on observe à l'égard de la
» visite des *équipages* des ministres publics, les usages
» et les lois de chaque pays diffèrent ». *pag.* 61.

Nous l'avons déjà dit, les privilèges et les immunités
dont les ministres étrangers jouissent actuellement,
soit personnelles, soit réelles, ne dérivent pas toutes
du droit des gens universel. Il en est qui leur sont accordées par des considérations particulières, absolument dépendantes du bon plaisir des Gouvernemens
respectifs : celles-ci ne sauraient être réclamées, qu'autant qu'elles seraient fondées sur des conventions, ou sur
des usages qui en tiennent lieu. Pour les premières,
celles qui dérivent du droit des gens universel, la question se réduit à prouver que l'immunité ou le privilège réclamé ne pourrait être contesté, sans que le succès
ou même l'exercice de la mission n'en fussent compromis : car c'est de ce seul principe que les immunités
et les priviléges des agens diplomatiques tirent leur
origine. Le principe de *l'exterritorialité* lui-même y
est subordonné. En sorte que nulle exterritorialité
ne peut être alléguée, lorsque l'assimilation du ministre
étranger à l'indigène, ne compromet aucunement le
but de la mission. C'est par une libéralité bien entendue
que l'on a considéré comme des apanages inhérens au
caractère diplomatique, les honneurs qui, entourant
aux yeux du public le ministre étranger d'un certain

éclat, lui garantissent le respect du Gouvernement et du peuple, pour les fonctions importantes dont il est chargé.

Qu'il nous soit permis d'ajouter quelques observations sur ce que dit l'auteur au sujet des *immunités particulières, fondées sur des conventions spéciales ou bien à titre de réciprocité.*

Rien de plus juste sans doute que d'invoquer le principe de la réciprocité. Mais aussi rien de plus facile que d'y répondre, en laissant à la puissance qui réclame, la liberté de refuser chez elle, par le même principe de réciprocité, l'immunité qu'on ne veut pas ou qu'on ne veut plus lui accorder.

En général les stipulations abandonnées au vague de la *réciprocité*, sont plutôt nuisibles qu'avantageuses : elles n'empêchent pas le plus fort de se porter le premier à des démarches contraires à l'esprit de la convention : car il peut répondre au reproche qui lui serait fait à cet égard, que l'autre partie contractante peut en agir de même en vertu du principe convenu de la réciprocité. Mais la partie la plus faible oserait-elle, en invoquant ce même principe, refuser, la première, les avantages dont l'autre partie se trouve en possession ? On sait que la réciprocité entre le fort et le faible consiste généralement à ne donner que cinq et à recevoir cent. Comment donc le Gouvernement le plus faible oserait-il dépouiller le plus fort, en alléguant que celui-ci n'a qu'à en faire autant ? Comment oserait-il lui interdire des privilèges qui lui valent cent, en disant qu'il peut à son tour lui ôter ceux dont il jouit chez lui, et qui peut-être ne valent pas cinq?

Il serait à souhaiter que de pareilles stipulations fussent à jamais bannies des traités.

L'auteur ajoute, pag. 62, note 6, « Que les mem-
» bres du corps diplomatique peuvent prétendre à l'exem-
» ption *des droits de barrière*, aux portes de la capitale
» de l'État où ils sont destinés à résider, lorsque leur
» sortie n'a pour but que des promenades, et qu'ils ne
» sont point conduits par des chevaux de poste. »

Si l'usage du pays assujettit les grands dignitaires du royaume à payer les droits de barrière, le ministre étranger ne devra pas être dispensé de les payer lui-même, puisque l'éclat dont il convient qu'il soit entouré n'en souffrira point aux yeux de la nation. Le but de sa mission ne saurait d'ailleurs être compromis par le paiement de cet impôt, que le ministre sorte soit avec son propre équipage pour la promenade, soit avec des chevaux de poste; il ne peut donc pas plus préten-dre à l'exemption de cet impôt qu'à celle de tout autre.

VI.

Du Droit d'asile. Man. Dipl., pag. 65.

Nous avons dans les observations précédentes établi les principes qui nous ont paru nécessaires pour limiter les assertions de l'auteur sur les immunités en général, et en particulier sur le droit d'asile des hôtels des ambassadeurs. Nous avons indiqué les cas où ceux-ci sont tenus, sur la réquisition qui leur en est faite, de livrer aux autorités du pays les personnes qui se seraient réfugiées dans leur hôtel. Mais ici se présente cette question : Si le ministre se refusait à l'extradition requise, que faudrait-il faire?

L'auteur, après avoir avancé que *l'on pourrait aller jusqu'à employer la force,* finit par dire *qu'on ne saurait prononcer sur ce qu'en pareil cas, les parties intéressées seraient en droit d'exiger les unes des autres.* (pag. 65 du manuel.)

Nous pensons qu'avec les principes déjà posés, la question est susceptible d'une réponse plus positive que ce doute de l'auteur ne semble l'indiquer.

L'ambassadeur, en se refusant à la réquisition qu lui est duement adressée par les autorités du pays, manque essentiellement au respect qu'il leur doit. Si le cas en question est assez grave pour que ces autorité ne doivent pas se borner à prendre au dehors de l'hôte les mesures capables d'empêcher l'évasion du prévenu réclamé, et qu'il faille employer la force, l'ambassadeur s'est mis dans le cas de ne pouvoir rester dans le pays ; il doit donc en être renvoyé, avec tous les égards dûs à son caractère, mais sous les précautions nécessaires pour que le prévenu puisse être saisi. L'hôtel, dès le moment où la légation l'aura quitté avec toutes les facilités indispensables pour en retirer les objets qui intéressent la mission, ne jouit plus d'aucune immunité, ainsi que nous l'avons déjà observé.

VII.

De l'Exercice du culte religieux dans l'hôtel du ministre. Man. dipl., pag. 66.

Le principe déjà développé dans les observations précédentes, qui interdit à l'autorité locale toute intervention dans l'intérieur de l'hôtel de l'ambassadeur, à moins qu'on ne s'y permette des actes attentatoires à la tranquillité publique ou aux droits des particuliers, s'applique à toutes les questions énoncées dans ce paragraphe, et en donne la solution naturelle.

En admettant ce principe, les lois du pays ne peuvent, sous aucun prétexte, empêcher dans l'intérieur des hôtels des ambassadeurs, l'exercice de la religion

aux étrangers qu'ils veulent y admettre , et par conséquent on ne peut élever aucun doute sur le droit que
l'ambassadrice possède aussi bien que toute autre personne , sous l'autorisation de l'ambassadeur, d'y pra-
tiquer les exercices et d'y célébrer le culte de la religion
qu'elle professe.

VIII.

1. « Un ministre doit encore se conformer aux ordon-
» nances de police , lors des fêtes publiques , ou en
» d'autres occasions semblables , comme par exemple
» à celles relatives à la circulation des voitures , ...
» à l'usage des flambeaux ou des lanternes pendant
» la nuit. » *Man. dipl.* , *pag.* 85 , *note* (1).

2. « Les ministres étrangers participent *extérieurement*
» aux évènemens *heureux* ou *tristes* qui ont rapport
» à la famille du prince auprès duquel ils résident. » *pag.* 108.

Nous avons réuni ces deux passages , quoique fort
éloignés l'un de l'autre dans l'ouvrage de M. le baron
de Martens , et appartenant à des chapitres différens ,
parce que les remarques que nous avons à faire s'appliquent également aux circonstances énoncées dans
l'un et dans l'autre.

M. de Martens n'a fait qu'effleurer un sujet qui, à la vérité, semble au premier aspect mériter à peine qu'on s'y arrête. Cependant l'histoire de la diplomatie offre un grand nombre de rencontres où le défaut de principes fixes a donné naissance à des différens sérieux entre deux Nations, parce que des ministres étrangers se sont refusés à des actes extérieurs que semblaient exiger, soit le respect dû au Souverain et les égards pour la religion du pays, soit l'état de l'opinion publique et la nécessité de prévenir des insultes de la part d'une populace en rumeur qu'il n'était pas au pouvoir du Gouvernement d'empêcher ou de réprimer. On n'a pas manqué, dans de semblables circonstances, d'exposer de part et d'autre les motifs de la conduite que chacun a cru devoir tenir. Jamais on n'a pu ou voulu s'entendre, et l'on en est encore aujourd'hui au même point.

A l'exception de certains actes extérieurs dont la pratique se trouve établie dans le corps diplomatique, sans qu'on sache en assigner l'origine, il arrive presque toujours qu'à chaque occasion nouvelle qui présente quelque différence des cas ordinaires, tel ou tel ministre, et souvent tous les membres du corps diplomatique en masse, se refusent aux actes qu'on leur demande : soit en se fondant sur les dépenses et l'embarras qui en résulteraient pour eux, et qu'ils ne se croient pas obligés de supporter ; soit en alléguant que ces actes dérogeraient à leur haute qualité, ou qu'ils les regardent comme offensans pour leurs Souverains et injurieux à leur religion.

Il est donc du devoir de l'écrivain qui se propose d'exposer les principes de la science, d'énoncer ceux qui lui semblent les plus propres à prévenir de semblables discussions, d'autant plus fâcheuses que, quoique fondées souvent sur les motifs les plus frivoles, elles produisent dans les rapports entre les Gouvernemens , une aigreur dont on ne saurait toujours prévoir les conséquences.

Il y a , relativement au sujet que nous traitons , deux sortes de circonstances dans lesquelles il est bon d'être fixé sur la conduite que les agens étrangers doivent tenir.

Les unes sont tellement connues , elles se représentent si indubitablement à des époques déterminées , que si l'on n'a pas d'avance statué ce que les ministres étrangers doivent faire dans ces-occasions , il est facile d'y suppléer et de prendre des arrangemens qui concilient avec les prérogatives des agens diplomatiques , les égards dûs à la religion et aux usages du pays. Mais il en est d'autres qu'on ne saurait prévoir et pour lesquelles il convient d'établir des principes qui puissent régler la conduite à tenir, si elles viennent à se présenter.

Les cérémonies religieuses des différentes branches de la chrétienté , sont si généralement connues, qu'il serait impardonnable de ne pas savoir à l'avance comment on devra se conduire à cet égard, pour ne pas occasionner de scandale et pour ne pas blesser les personnes qui verraient avec peine un ministre étranger se prévalant de son immunité , avoir l'air , si non d'insulter , au moins de blâmer ou de désapprouver leur croyance.

Quant aux hommages à rendre au Souverain ou aux personnes de sa famille , l'étiquette dans toutes les Cours est entrée dans des détails tellement minutieux , qu'il est plus facile d'y manquer par oubli que par ignorance.

Le cas cependant peut se présenter où l'on exigera d'un ministre étranger des démarches imprévues , et qu'il hésitera à faire , dans la crainte de manquer au caractère éminent dont il est revêtu. Si ces démarches portent avec elles l'idée de soumission , si elles établissent quelques rapports semblables à ceux de Souverain à sujet , soit dans le pays même , soit dans celui auquel le ministre appartient , celui-ci, s'il s'y prêtait , serait digne de blâme, et mériterait des reproches sévères de son Gouvernement. Mais lorsque l'usage n'attache à l'acte demandé aucune de ces idées qui supposent des rapports incompatibles avec le caractère de l'agent diplomatique , celui-ci doit s'appliquer les règles générales qui dirigent la conduite de l'homme particulier , et par conséquent rien de ce qui pourrait être fait sans inconvénient par celui-ci , ne peut être déshonorant pour l'homme public.

Nous avons dit qu'un ministre ne pouvait ignorer la conduite à tenir sous le rapport des égards dûs aux opinions religieuses du pays dans lequel il est envoyé , conduite qui doit être telle qu'on ne puisse penser qu'il veuille insulter aux idées reçues , ou même les désapprouver ou les blâmer. Il doit suivre la même règle à l'égard des opinions politiques et des usages nationaux, dont les peuples sont d'autant plus jaloux qu'ils sont arriérés en fait de civilisation.

Nous n'entendons pas dire qu'un agent diplomatique doive se prêter à des actes qui pourraient être regardés comme approbatifs de principes ou d'usages que son Gouvernement ne saurait lui-même approuver, et moins encore à des actes qu'il sait être opposés aux opinions politiques et religieuses de son pays; mais il y a un grand intervalle entre ne pas approuver et désapprouver ; entre louer et ne pas blâmer ; entre rendre des honneurs ou s'abstenir d'insulter.

Cette distinction sera, dans les cas douteux, une règle aussi facile que sure pour déterminer le parti que devra prendre l'agent diplomatique. Si son adhésion aux actes exigés de lui ne peut être considérée comme une approbation de ce qu'il ne saurait approuver; si son refus doit soulever les esprits contre lui ; s'il a quelque sujet de craindre que cette indisposition soit générale ; il pourra difficilement prétendre que le Gouvernement fasse respecter le caractère dont il est revêtu. Il doit savoir que si les magistrats supérieurs et même une grande partie de la Nation sont assez éclairés pour ne voir dans son refus qu'une affaire d'opinion et non un manque d'égards, la multitude pensera autrement, et que les agens auxquels on doit nécessairement commettre le soin de contenir cette multitude, partageront, eux-mêmes, tous ou la plupart, l'indignation que ce refus pourra exciter. Il peut être aisé de convaincre le vulgaire qu'un agent étranger ne doit point se soumettre à des actes en opposition avec les lois de son pays. Mais on cher-

chercherait vainement à le persuader que l'omission
d'un acte indifférent ne soit pas de la part de cet agent
étranger, une marque de désapprobation toute aussi
positive que si cette omission partait d'un national.
Sans doute le Gouvernement doit prendre les mesures
les plus actives et les plus énergiques pour faire respecter le caractère de l'agent étranger, lorsqu'il ne voit
dans son refus qu'une imprudence et non une insulte.
Mais il ne peut garantir que ses ordres soient ponc-
tuellement exécutés, et ce serait une grande injus-
tice que de l'en rendre responsable.

IX.

Inviolabilité du transit des Agents diplomatiques.

« Ce n'est qu'à la Cour même et dans le pays où le mi-
» nistre étranger se trouve en sa qualité d'agent diplo-
» matique, qu'il peut prétendre aux droits, priviléges
» et prérogatives dont il vient d'être parlé...... Jamais
» cependant on ne se refuse, en temps de paix,
» à lui accorder, dans les Etats autres que ceux près
» desquels il est accrédité, une inviolabilité entière;
» et en temps de guerre, on en fait jouir ceux des
» ministres avec les Gouvernemens desquels on n'est
» point en guerre, et qui se trouvent en pays en-
» nemi. Il est permis toutefois d'arrêter des agens

» diplomatiques qui traversent *sans permission* le pays
» d'un Gouvernement avec le souverain duquel l'autre
» Gouvernement est en guerre. » *Man. dipl.* , *pag*
68.

L'agent diplomatique est dans la société politique
des peuples , ce que le magistrat civil est vis-à-vis des
citoyens dans chaque Gouvernement. Dés que son caractère *fécial* est constaté , on ne saurait, dans l'intérêt général , lui refuser nulle part l'inviolabilité la
plus entière. C'est un ministre de paix , et l'état de
guerre où peut se trouver le Souverain des pays qu'il
traverse , soit avec son Gouvernement , soit avec celui
auquel il est adressé, ne peut être un motif pour qu'on
l'arrête dans l'exercice de ses hautes fonctions. Vous
pouvez lui refuser le passage par vos Etats , si vous avez
quelque raison de supposer que sa mission est contraire
à vos intérêts : vous pouvez prendre toutes les précautions que la prudence vous suggérera , pour qu'il ne
puisse pas recevoir des informations qui vous deviendraient nuisibles. Mais vous ne pourriez l''empêcher
absolument de se rendre à sa destination, sans nuire à
ceux qui peut-être ont fondé de justes espérances sur
le résultat de sa mission. Vous attenteriez au droit d'un
ou de plusieurs des membres de la grande société dont
vous faites partie : par là vous enfreindriez dans un de
ses points les plus importans , le droit des Nations , ce
droit sacré , sous la protection duquel le ministre public
se rendait à sa destination.

DU CÉRÉMONIAL DIPLOMATIQUE.

I.

« Beaucoup de Souverains ont introduit aujourd'hui
» chez eux l'usage de donner régulièrement audience
» au corps diplomatique à des jours fixés. » *Man.
dipl. , pag.* 80.

L'auteur n'a pas cru nécessaire d'indiquer la nature
de ces audiences privées, ni d'exposer leur but et les
rapports qu'elles peuvent avoir avec les fonctions des
agens diplomatiques de différentes classes. Cela entrait
cependant dans le cadre de cet ouvrage , et le ministre
étranger pourrait se méprendre très-gravement, s'il ne
se pénétrait pas de l'esprit de ces entretiens que le
Souverain à la Cour duquel il se trouve accrédité , veut
bien lui accorder. Il doit sans doute savoir en tirer de
grands avantages pour le service de son pays ; mais il
ne peut cependant profiter de ces entretiens qu'avec la
plus grande crconspection.

Les Princes qui accordent cet honneur aux ministres du second ou du troisième ordre, n'ignorent pas

qu'en s'abandonnant avec un agent étranger à des entretiens sur toutes sortes de sujets, et par conséquent sur des questions pour lesquelles ils ne seraient pas préparés, ils s'exposent à compromettre par fois la politique de leur cabinet. Le ministre des affaires étrangères, ignorant ce qui se sera passé dans ces audiences, court le risque de se trouver en contradiction avec son Souverain. Il pourra même arriver tel cas où le Prince paraîtra se dédire, lorsque dans la suite l'affaire étant traitée diplomatiquement et délibérée dans les conseils, il devra décider d'une manière différente de l'opinion qu'il avait émise dans l'abandon de la conversation, lorsqu'il croyait énoncer une idée purement personnelle, et parler en quelque sorte comme un simple particulier.

Ce serait un étrange abus de confiance et un emploi bien déplacé de la sagacité diplomatique, si le ministre étranger prétendait tirer des conséquences de ce qu'aura pu dire le Prince dans ces audiences, où, entraîné par la conversation et ne pouvant considérer à loisir sous tous les points de vue le sujet en question, il lui sera échappé quelques assertions hasardées. Ce serait en vain que celui-ci emploierait toute sa finesse à lui présenter un objet sous des apparences trompeuses ; que tel autre chercherait à surprendre sa bonne foi, en lui présentant comme vrais des faits artistement controuvés. Dès qu'on viendra à traiter les affaires d'une manière régulière et définitive avec le ministre des affaires étrangères, celui-ci ne s'arrêtera pas à ce que l'agent diplomatique pourrait alléguer comme ayant été dit dans la conversation entre le

Prince et lui. Car ce n'est pas des agens étrangers que le ministre doit apprendre quelles sont les véritables intentions de son Souverain.

Ce serait bouleverser l'ordre naturel des idées, ce serait manquer aux régles les plus ordinaires de la prudence, que de vouloir opposer les assertions d'un agent diplomatique, fussent-elles même vraisemblables, à des actes officiels et revêtus de signatures qui lui donnent le cachet le plus incontestable de véracité. Ce que l'on prétendra avoir été dit par le Souverain, peut n'avoir pas été clairement énoncé, ou avoir été arraché par surprise, ou même avoir été mal compris. Dans aucun cas, on ne pourra s'en prévaloir au préjudice de la dignité de la Couronne et de l'intérêt de la Nation, contre ce qui aura été régulièrement traité, mûrement délibéré et énoncé d'une manière authentique et incontestable, après avoir été reconnu conforme aux intérêts réciproques des deux Gouvernemens.

D'après ces considérations, le seul avantage que le ministre étranger doive tirer de ces entretiens, c'est de connaître de plus près le Souverain auprès duquel il exerce ses fonctions, et de s'insinuer dans ses bonnes grâces, par tous les moyens que la raison et la vertu pourront lui suggérer.

II.

« Sans que l'ambassadeur soit tenu à faire notifier son
» arrivée aux ministres des *secondes* classes, il n'attend
» pas moins que ceux-ci lui fassent la première visite
» d'étiquette, et exige même très-souvent d'eux qu'ils
» lui fassent demander le jour et l'heure à laquelle ils
» peuvent la lui faire. » *Man. dipl.*, *pag.* 83.

On a senti que cette pratique était tout aussi contraire à la raison qu'à la bienséance.

Ce ne sont pas seulement les membres du corps diplomatique qui doivent faire leur visite à l'ambassadeur
arrivant. Les officiers de la Cour, les grands, les employés
civils et militaires des rangs élevés, sont tenus de lui
présenter leurs hommages. Mettre chacun de ces personnages dans la nécessité de faire demander à l'ambassadeur *s'ils peuvent* lui faire leur visite, et quel jour
et à quelle heure ils peuvent la lui faire, ce serait employer un mode non-seulement inconvenant, mais
inutilement compliqué et presque impraticable.

Il est donc d'usage que l'ambassadeur, après sa présentation, fasse annoncer, avec la plus grande publi-
cité, par la gazette de la Cour ou par toute autre voie,
les jours où il recevra les personnes qui, d'après les
usages du pays, doivent se présenter chez lui en ces
occasions.

III.

« Quelques Cours prétendent que même les ambassa-
» deurs doivent la première visite à leur ministre des
» affaires étrangères ; beaucoup cependant s'y refu-
» sent. » *Man. dipl.*, *pag.* 83.

L'auteur se borne ici à rappeler en général la diver-
sité des usages dans les différentes Cours , sur la première visite des ambassadeurs : mais il n'a pas jugé à
propos de poser les principes d'après lesquels cette di-
versité devrait cesser , et a effectivement cessé du moins
dans la plupart des Cours.

Quoiqu'il semble qu'il ne soit question dans ce paragraphe que de la première visite après la présentation
de l'ambassadeur, nous ne devons pas passer sous silence ce qui se fait ou doit se faire avant cette présentation.

En règle générale , la présentation doit se faire dans
le plus court délai , après l'arrivée de l'ambassadeur :
mais lorsque par de justes motifs on est forcé de l'a-
journer , il devient nécessaire qu'il y ait des entrevues
entre l'ambassadeur et le ministre des affaires étrangères. Dans ce cas les devoirs de l'hospitalité , comme
aussi le besoin de donner des explications sur les causes
du retard de la présentation , indiquent assez de quel
côté doit être la prévenance.

Mais ce cas excepté, il est loisible à l'ambassadeur, *avant sa présentation*, de se mettre en rapport avec le ministre des affaires étrangères, en se rendant chez lui en personne, aussitôt après qu'il lui a fait notifier dans les formes son arrivée : il peut être également convenable que le minstre des affaires étrangères le prévienne, soit par égard pour son rang, soit pour se mettre plus promptement au fait de l'objet de sa mission, objet qui peut influer sur les circonstances de sa réception. Ces égards, ces prévenances, de quelque part qu'elles aient lieu, ne sont présumés avoir rapport qu'à la reconnaissance du caractère sous lequel l'ambassadeur se présente, et ne peuvent aucunement influer sur l'étiquette qui doit avoir lieu après que cette reconnaissance aura été effectuée.

Alors tout doute cesse : l'ambassadeur, dès le moment où il est reconnu pour tel, se trouve élevé à un rang supérieur à toute personne de la Cour, quelle que soit sa dignité, les membres des maisons souveraines exceptés.

Ce rang constaté, et les devoirs de l'hospitalité qui, à égalité de rang, suffiraient pour imposer aux fonctionnaires du pays la prévenance, ne laissent aucun doute sur l'usage à suivre et généralement suivi aujourd'hui, sinon dans toutes les Cours, nous n'osons l'affirmer, du moins dans le plus grand nombre. Le ministre des affaires étrangères fait, après la présentation, la première visite à l'ambassadeur, non-seulement en sa qualité de ministre des affaires étrangères, mais aussi au nom de son Souverain, comme un retour de la visite de présentation que celui-ci ne peut rendre en personne.

———

IV.

Du rang des Agens diplomatiques. Man. dipl., § 38, pag. 84.

« Pour éviter les discussions désagréables qui peuvent
» avoir lieu à l'avenir sur un point d'étiquette diplo-
» matique que l'annexe du recès de Vienne, par la-
» quelle les questions de rang ont été réglées, ne
» parait pas avoir prévu, il est arrêté entre les cinq
» Cours que *les ministres résidens* accrédités auprès
» d'elles formeront, par rapport à leur rang, une classe
» intermédiaire entre les ministres du second ordre
» et les chargés d'affaires. » (EXTRAIT DU PROTOCOLE DU
CONGRÈS D'AIX-LA-CHAPELLE, ENTRE LES PLÉNIPOTEN-
TIAIRES D'AUTRICHE, DE FRANCE, DÉ LA GRANDE-BRE-
TAGNE, DE PRUSSE ET DE LA RUSSIE; *séance du 21 no-
vembre 1818.*) *Man. dipl., pag. 86 et 87.*

En traitant ci-dessus, *pag. 13 et suiv.*, de la classi-
sification des ministres publics en pays étranger, nous
nous sommes permis de combattre l'opinion avancée
par l'auteur, qui ne fait dériver les distinctions des
rangs diplomatiques, que des conventions arrêtées entre
les Gouvernemens, et les fait dépendre absolument

de leur bon plaisir. Nous avons observé qu'en effet les Gouvernemens sont incontestablement les maîtres de faire entre eux telles conventions et d'établir telles distinctions, que bon leur semble. Mais il ne s'ensuit pas qu'il n'y ait d'autres distinctions que celles arbitrairement convenues entre les Gouvernemens, et encore moins que ces distinctions, qui ne sont pas fondées sur la nature du mandat, n'entraînent les agens diplomatiques et leurs Gouvernemens dans un dédale de discussions que la décision des plénipotentiaires des cinq Cours est bien loin de faire cesser.

Il ne suffisait pas que les Gouvernemens convinssent entre eux d'accorder aux agens qu'ils s'enverraient réciproquement avec le titre de *ministres résidens*, quelques honneurs de plus qu'aux *chargés d'affaires*, quoique moindres que ceux accordés aux *ministres du second ordre*. On aurait dû motiver cette différence d'honneurs sur la nature des fonctions des *ministres* dits *résidens*, qui, si elles étaient plus élevées que celles des chargés d'affaires, les placeraient naturellement au-dessus de ces derniers. Alors ceux-ci, ni leurs commettans n'auraient pu avoir à se plaindre de cette différence. Il ne tient, dira-t-on, qu'aux Gouvernemens de soustraire leurs chargés d'affaires à cette distinction, en leur donnant le titre de ministres résidens. Mais il nous paraît contraire à la dignité des Souverains, de faire varier ainsi les étiquettes au gré du caprice, et de les baser sur des noms arbitrairement accordés, au lieu de les régler sur la réalité des attributions dont les agens diplomatiques sont investis.

Messieurs les plénipotentiaires qui ont établi cette
distinction nouvelle, sont partis de la supposition que
c'est pár inadvertance que le congrès de Vienne n'avait
établi que trois ordres diplomatiques. Mais ce congrès
n'a pu reconnaître que trois ordres d'agens diplomatiques; parce que, comme nous l'avons fait voir ci-dessus
(*pag.* 13 *et suiv.*), on ne saurait sur quoi fonder la distinction d'un quatrième ordre.

V.

« Tous les ministres de *première* classe prétendent le *pas*
» immédiatement après les Princes du sang impérial
» ou royal, et le demandent sur tous les Princes ré-
» gnans, quand ceux-ci ne sont pas d'un rang *égal* à
» celui de leur constituant, ainsi que les cardinaux
» *comme tels* ». Man. dipl., pag. 91.

Quelques-unes de ces qustions sont aujourd'hui déci-
dées par le commun assentiment des Gouvernemens mo-
narchiques. Les *fils* et les *frères* des Empereurs et des
Rois ont le pas sur les ambassadeurs; et, sans qu'il y ait
eu besoin d'une déclaration expresse, aucun Prince régnant, aucun chef de Gouvernement, même républi-
cain, (tel, par exemple, que le président des Etats-Unis
de l'Amérique septentrionale), ne souffrirait aujourd'hui

que le délégué d'un autre Gouvernement prétendît le pas sur lui. En effet, on est généralement d'accord sur le principe développé, *pag.* 16, que l'honneur accordé à un ambassadeur de traiter immédiatement avec le Prince auprès duquel il est accrédité, bien qu'il le mette dans le cas de jouir de divers honneurs qu'on n'accorde qu'aux Souverains, ne l'autorise pas à prétendre à *tous* les honneurs dûs à ceux-ci.

Il est à regretter qu'en reconnaissant la préséance des *fils* et *frères* des Empereurs et des Rois sur les Ambassadeurs, on ne l'ait pas également reconnue pour les autres Membres des familles impériales et royales.

Il serait également à désirer que l'on eût décidé formellement la question de préséance entre les Ambassadeurs et les Membres des Maisons régnantes sous d'autres titres que celui de *Majesté*.

On conçoit que si l'Ambassadeur a le pas sur tous les Princes autres que les fils et frères des Empereurs et des Rois, il devra le prendre sur le Prince même de l'État dont il est Ambassadeur, qui se trouverait momentanément à la Cour près de laquelle il est accrédité. Mais dans ce cas, il blessera toutes les convenances. Si, au contraire, il quitte le rang des Ambassadeurs, et cède le pas à son Prince, il ne saura plus où se placer pour se maintenir au-dessus des autres Princes qui se trouveraient à la même Cour. Ces considérations nous paraissent devoir s'appliquer à *tous* les Princes des Maisons régnantes, sous quelque titre que ce soit, *Impériale*, *Royale*, *Ducale*, etc.

5*

VI.

« Dans les occasions où les ministres du second ordre
» paraissent en leur qualité diplomatique, ils ne peu-
» vent point exiger cette épithète (celle *d'excellence*),
» quand même ils auraient droit d'y prétendre à
» d'autres titres. » *Man. dipl.*, *pag.* 92.

Cela ne nous paraît ni juste, ni conforme aux usages.
Celui qui aurait droit de prétendre au titre d'excellence
à la Cour où il est envoyé, s'il s'y présentait comme
un simple voyageur, ne saurait le perdre par le fait de
la commission honorable dont il est chargé. Certes, on
n'aura pas à la Cour de Berlin l'idée de refuser l'*excellence* à un lieutenant-général autrichien qui y arriverait
comme *envoyé*, lorsqu'on la lui donnerait s'il s'y présentait sans aucune mission. Il ne peut y avoir de dis-
sentiment sur ce point. La question véritable et celle qui a
probablement donné lieu à l'assertion de l'auteur, est de
savoir si tel qui reçoit le titre d'excellence dans son pays,
a le droit d'y prétendre en pays étranger. Mais cette question même ne peut être long-temps indécise. Il est généralement reçu de donner aux étrangers les titres qu'ils
tiennent de leurs Souverains, en ne leur assignant néan-
moins d'autre rang que celui dont jouissent dans leur
pays les personnes qui se trouvent dans la même cathé-
gorie. Ainsi, quoique en Espagne, par exemple, on
donne le titre de marquis, de comte, de conseiller, aux
étrangers qui jouissent de ces titres, on ne les place pas

pour cela au rang des nationaux qui ont les mêmes qualifications, mais à un rang correspondant à celui que leur accorde le cérémonial de leur propre Cour.

VII.

« Les *conseillers d'ambassade* ou *de légation*, attachés
» aux missions diplomatiques, lorsqu'ils n'ont point à
» la fois le titre de *ministre*, ne peuvent prétendre
» qu'au cérémonial dont jouissent les secrétaires
» d'ambassade ou de légation de première classe. »
Man. dipl. pag. 97.

Cette conclusion nous paraît avoir besoin d'être éclaircie : l'auteur, dans l'alinéa qui précède, pose en principe que les secrétaires d'ambassade ou ceux de légation doivent être considérés comme les personnes les plus distinguées parmi celles qui appartiennent à la suite d'un ministre public. Il semble donc qu'il était naturel d'établir le rapport existant entre ces fonctionnaires et les conseillers d'ambassade ou de légation qui peuvent concourir avec eux dans leurs fonctions. C'est ce rapport qui doit déterminer les prérogatives auxquelles chacun d'eux peut prétendre d'après son rang.

En règle générale, toutes les fois que le Gouvernement, représenté par la mission, n'a rien ordonné de contraire, le secrétaire de légation est la personne que le ministre, en cas d'empêchement, est autorisé à présenter comme chargé *ad interim* des affaires de la mission.

Rien n'empêche cependant que le Gouvernement en dispose autrement, et qu'il destine le conseiller de la légation à remplacer le ministre, toutes les fois que celui-ci sera dans le cas de se faire substituer.

On voit que dans cette hypothèse, le conseiller se trouverait placé dans un rang supérieur à celui du secrétaire de la légation. Mais cette disposition particulière dans l'économie intérieure d'une légation, ne doit rien changer aux étiquettes usitées à la Cour où elle se trouve. De là vient l'usage indiqué par l'auteur, mais qu'il n'a pas assez clairement exposé, de ne pas faire de distinction sous le rapport de l'étiquette entre les secrétaires et les conseillers de légation *d'un même ordre.*

Il faut, au surplus, limiter cette dénomination de *secrétaire* au principal employé de chaque légation, et ne pas l'étendre, ainsi qu'on pourrait le croire d'après quelques expressions de l'auteur, aux divers commis du bureau de la mission. Pour distinguer ceux-ci du secrétaire de la légation, on est généralement dans l'usage de les désigner sous le nom *d'attachés.*

DES DEVOIRS ET DES FONCTIONS DE L'AGENT DIPLOMATIQUE.

I.

« Le droit des gens Européen ne parait pas regarder
» comme illicite la *corruption* employée, *pour recueillir*
» *les nouvelles et en examiner l'authenticité*; personne
» du moins ne met en doute l'exercice journalier de
» cet art, et si l'on s'est souvent élevé contre son
» usage, il n'est pas rare qu'en d'autres circonstances,
» on en ait fait assez clairement l'aveu. » *Man. dipl.*
pag. 106.

L'aveu qu'on a fait quelques fois d'avoir fait usage
de la corruption dont il s'agit ici, et le silence que
gardent à cet égard les conventions entre les Puissances,
seul droit des gens que l'on puisse nommer Européen,
ne prouvent pas plus la légitimité de cet *art* (ainsi que
l'auteur le nomme) , que celle de la plupart des crimes,
qui ne sont pas moins des crimes , quoiqu'ils ne soient
pas nommément désignés dans les lois. Il suffit qu'ils
se trouvent implicitement compris dans la classe des
actions défendues.

Cependant il est juste d'ajouter que toute communication n'étant pas une trahison, on ne doit pas considérer comme acte de corruption, les démarches qu'un ministre étranger peut faire pour être au courant de ce qu'un sujet peut raconter sans trahir ses devoirs, c'est-à-dire, sans porter préjudice aux intérêts de son pays ou à la dignité de son Souverain. Aussi la sombre jalousie qui interdisait jadis dans quelques pays, aux employés du Gouvernement, toute communication avec les personnes du corps diplomatique, ne subsiste plus aujourd'hui dans ces mêmes Cours, où elle y est considérée comme une précaution non moins illibérale qu'inutile.

***

II.

« Il est bon de ne jamais perdre de vue que, quelle
» que soit l'intimité entre deux Cours, quelque étroits
» que soient leurs liens politiques et même de fa-
» mille, elles ont des intérêts *séparés*, souvent même
» *opposés*. » *Man. dipl.*, *pag.* 107.

Cette observation de l'auteur nous fait un devoir de signaler ici un point de conduite diplomatique où il n'est pas rare de voir échouer, faute d'y avoir réfléchi, des ministres fort habiles d'ailleurs et très-expérimentés.

Il est assez fréquent qu'un Gouvernement, soit par hasard et sans y mettre de finesse, soit au contraire par un raffinement de stratégie diplomatique , au lieu de faire parvenir à une autre puissance , par l'entremise de son ministre auprès d'elle, les propositions, les insinuations ou même les nouvelles qu'il lui convient de porter à sa connaissance, préfère d'en charger l'envoyé de cette Puissance résidant à sa propre Cour. Il est aisé d'entrevoir les abus auxquels une semblable méthode peut donner lieu, ainsi que les graves inconvéniens qui doivent en résulter. C'est pourquoi les agens diplomatiques doivent se tenir sur leurs gardes et ne pas confondre ce qui intéresse directement le Gouvernement dont ils sont les organes , avec ce qui ne concerne réellement que les intérêts de la Cour auprès de laquelle ils sont accrédités, et que, par conséquent , cette Cour doit commettre aux soins de ses propres agens.

III.

« Les fonctions et les négociations de l'agent diploma-
» tique en pays étranger, peuvent encore porter sur
» les intérêts privés des sujets de son Souverain ,
» qui , dans le pays où il réside , doivent être re-
» gardés comme ses protégés naturels......... sans
» qu'il soit tenu toute fois de conduire les affaires
» qu'ils pourraient avoir avec des particuliers , ou de
» s'y immiscer *juridiquement*......... Il ne doit point
» chercher à modifier le droit en faveur de ses pro-
» tégés , ni apporter obstacle au cours naturel de

» la justice. Il peut toutefois hâter par ses demandes
» l'époque du jugement. » *Man. dipl.*, *pag.* 108 *et*
109.

L'importance du sujet méritait, il nous semble, que
l'auteur donnât un peu plus de développement au contenu de cet alinéa.

Les sujets du Souverain que l'envoyé représente dans
le pays, ne sont, en règle générale, que des protégés
de la mission, comme le remarque M. de Martens. Ils
peuvent cependant en être justiciables : mais il faut
pour cela que le ministre y soit expressément autorisé par les lois de son pays. Ces lois peuvent en effet
lui accorder une juridiction ou simplement la surveillance sur ses nationaux qui pourraient se trouver dans
le pays où il est accrédité.

Nous avons déjà indiqué ci-dessus, *pag.* 34 *et suiv.*
de quelle manière la juridiction peut être exercée, et quels
peuvent en être les effets. L'autorité que le ministre
voudrait exercer au-delà des limites que nous avons
désignées, ne saurait être qu'un excès de juridiction.

Quant à la surveillance, elle peut être considérée
sous trois aspects différens.

1.° Les admonitions qu'il est tenu de faire à ceux de
ses compatriotes, qui, par leur conduite, pourraient
compromettre l'honneur du nom de la Nation à laquelle
ils appartiennent.

2.° Les rapports à faire à son Gouvernement, sur ce
même sujet.

3.° L'assistance qu'il doit requérir des autorités locales, pour mettre ordre à ce que ces mêmes individus ne compromettent pas l'honneur national par leur conduite dans les circonstances qui pourraient y avoir quelque rapport, et qui, d'après les lois du pays, seraient du ressort de ces autorités.

Ce n'est pas seulement dans les affaires que les sujets de son Souverain peuvent avoir avec des particuliers, que le ministre (sauf les cas que nous signalerons ci-après) doit éviter de s'immiscer ; c'est encore dans celles qu'ils peuvent avoir avec le Gouvernement, pour leurs intérêts *particuliers.*

Cependant, comme il arrive souvent que quoique la question principale soit d'une nature toute particulière, des intérêts généraux et même quelque fois des principes s'y trouvent compromis, il est dans ces cas du devoir du ministre d'agir officiellement et d'appuyer l'affaire dans la partie qui a rapport aux intérêts nationaux. Mais c'est seulement auprès du Gouvernement et non des autorités subalternes qu'il doit agir. Quant aux intérêts particuliers, il ne doit faire d'autres démarches que celles de la simple recommandation. Il doit être bien entendu que c'est seulement dans les cas où les intérêts généraux, les principes du droit des gens ou les conventions existantes entre les deux pays, sont évidemment compromis, que le ministre doit agir officiellement et sans attendre des instructions ou des ordres de son Gouvernement. Il courrait souvent le risque de compromettre sa responsabilité, s'il donnait aux affaires particulières une importance nationale. Ce qui lui appartient dans les cas douteux, c'est d'en faire un rapport motivé à son Gouvernement, et d'attendre sa décision.

Quoique l'envoyé, comme l'observe l'auteur, ne doive jamais se permettre d'apporter obstacle au cours naturel de la justice, il y a deux cas où il doit interposer son influence officielle sur la marche ou l'issue de la procédure.

Le premier est celui où il a la conviction que les autorités du pays mettent dans l'administration de la justice envers ses compatriotes, des irrégularités ou des délais qui deviendraient de véritables vexations. Alors, et seulement alors, il doit invoquer l'autorité du Gouvernement. Quoique celui-ci, dans les pays où le pouvoir judiciaire est indépendant du pouvoir exécutif, ne doive pas intervenir dans l'administration de la justice, il a partout le droit de surveiller les autorités judiciaires et les moyens de les contraindre à exercer leurs fonctions conformément aux lois.

Le second cas où le ministre étranger est appelé à interposer ses offices en faveur de ses compatriotes, jugés par les autorités locales, c'est lorsque le jugement rendu est pour le fond ou pour la forme tellement et si évidemment injuste, qu'il se trouve par le droit commun frappé de nullité. Alors l'étranger lésé par les agens du Gouvernement du pays, a le droit d'invoquer la protection de son ministre, et celui-ci, dès qu'il en est requis, doit la lui accorder.

Il peut se présenter un troisième cas où l'interven-

officielle du ministre étranger dans les actes de l'administration intérieure du Gouvernement près duquel il est accrédité, devient à la fois un droit et une obligation. Si l'agent étranger, dont un des premiers devoirs est de suivre la marche de la législation du pays où il réside, s'aperçoit que telle ou telle loi, telle ou telle ordonnance, bien que du ressort de l'administration intérieure, porte cependant quelque préjudice aux intérêts de l'Etat qu'il représente, il doit réclamer de suite, si la chose est d'une évidence incontestable; ou s'il croit pouvoir sans inconvénient ajourner la réclamation, il doit demander des instructions à son Gouvernement.

Par suite de ce même principe, si l'agent étranger, dont les concitoyens auraient réclamé la protection contre un jugement ou une décision des autorités, remarque que la loi à laquelle les juges se sont conformés, est contraire, soit au droit des gens, soit aux conventions existantes entre les deux Nations, il devra se prévaloir de cette occasion pour demander la révocation d'une pareille loi.

Mais il ne pourra exiger l'annullation du jugement, lorsque la transaction sur laquelle il sera intervenu n'intéressera que des particuliers des deux pays, et qu'elle aura été faite de bonne foi, sous une législation connue. Il en serait autrement si c'était en faveur du Gouvernement que la décision du tribunal eût été rendue, à l'abri d'une loi contraire soit au droit des Nations, soit à des stipulations positives antérieures à la transaction. Dans ce cas, le jugement serait nul de plein droit, et

si l'étranger lésé ne pouvait obtenir réparation, ni de
sa partie, ni de ses juges, il aurait le droit de la réclamer
par l'intervention du ministre de sa Nation, qui ne
pourrait se refuser à faire les démarches officielles que
nous avons précédemment indiquées.

IV.

« L'agent diplomatique peut conduire des négociations,
» soit immédiatement avec le Souverain auprès du-
» quel il est accrédité, soit avec le ministre ayant le
» département des affaires étrangères...... Les négo-
» ciations proprement dites peuvent encore avoir lieu
» ou *directement* entre les ministres, les commissaires
» ou les députés nommés , *dans ce but*, par les Gou-
» vernemens , ou bien par *l'entremise* d'une ou de
» plusieurs Puissances tierces *médiatrices*, qui alors
» chargent leurs mandataires de traiter avec les deux
» parties en litige. » *Man. dipl. , pag.* 111 *et* 112.

L'agent qui est appelé en vertu de son seul caractère
à traiter directement avec le Souverain , est , comme
nous l'avons dit plus haut (*pag.* 14)], l'ambassadeur. Les autres ministres ne sont admis à cet honneur , que par effet de circonstance.

Mais les conventions arrêtées entre un Souverain
et un ministre étranger, soit ambassadeur , soit

de toute autre classe, ne peuvent devenir obligatoires pour la Nation, que, lorsqu'en vertu des ordres donnés par le Souverain à ses ministres, ces conventions ont été revêtues des formes prescrites par les lois de l'Etat, et rendues publiques. Nous avons déjà insinué cette observation en traitant des audiences, *pag.* 59, et M. de Martens a fait une pareille remarque à la page 179 de son ouvrage, au sujet de l'acte de la Sainte Alliance, qu'il cite comme un exemple de traités publics conclus sans la participation d'agens diplomatiques. Cet acte, par la seule signature des *Souverains absolus* qui y ont pris part, est devenu valable entre eux et obligatoire pour les nations sujettes à leur domination ; mais il n'a pu l'être sans la signature d'un ministre responsable dans les pays où cette formalité est une condition essentielle pour que les rescrits royaux acquièrent une validité légale. « Voilà » pourquoi le Roi d'Angleterre, alors Prince Régent, re- » fusa d'accéder à cette alliance, ainsi que M. le baron » de Martens l'observe, d'après M. Kluber, *non pas à* » *cause des principes y établis, mais vu la forme du* » *traité.* »

Nous avons déjà remarqué (*pag.* 2), que ce n'est pas seulement avec le ministre des affaires étrangères que les envoyés peuvent avoir à conduire leurs négociations. L'auteur le fait aussi sentir dans le second alinéa du passage que nous venons de transcrire, mais en faisant ressortir une distinction entre *négociations* et *négociations proprement dites*, distinction que nous ne saurions admettre ; car pour toute sorte de négociations, il est loisible au Gouvernement d'en donner commission à un ministre autre que celui chargé du département des affaires étrangères.

Quant à l'intervention des Puissances médiatrices , nous nous réservons d'en traiter lorsqu'il sera question des réunions des agens diplomatiques en congrès.

⸺

V.

« Il est peu usité de signer les mémoires , notes ou « déclarations de Cour , auxquelles la lettre ou note « dont le ministre les accompagne , donne l'authen- » ticité nécessaire. » *Man. dipl. , pag.* 120.

La signature des papiers officiels n'a pas pour unique but de rendre authentique la pièce à laquelle on l'appose. Elle est aussi destinée à en constater l'identité et l'intégrité ; deux objets qui ne sauraient être remplis par la note ou la lettre dont on accompagnerait la pièce que l'on est intéressé à garantir de tout soupçon. C'est pourquoi l'on ne doit jamais omettre de signer de pareilles pièces , et même il convient quelquefois de les accompagner d'autres formalités qui les mettent au-dessus de toute exception.

⸺

Des Réunions diplomatiques en congrès. Man. dipl. ,
§ 56, pag. 121.

VI.

L'histoire des congrès présente un certain nombre
de questions. qui devaient trouver place dans ce chapitre du Manuel diplomatique. En effet, l'observation
des discussions qui se sont élevées dans ces réunions,
les décisions que l'on y a prises, la conduite qu'y ont
tenue les parties intéressées , fournissent autant de
règles qu'il est bon de connaître , et qui ne doivent
pas être omises dans un ouvrage de ce genre, puisqu'elles
peuvent servir de guides en de semblables circonstances.

La réunion en congrès ayant pour but de faciliter
l'accord des différentes Puissances intéressées dans les
affaires que l'on doit y discuter, ces Puissances s'invi-
tent mutuellement à envoyer leurs fondés de pouvoirs
au rendez-vous indiqué : on choisit pour cet objet le
lieu qui parait le plus convenable à la liberté des délibérations (1), et placé de manière à ce que chaque

______

(1) Pour la sûreté et la liberté des négociateurs en temps de
guerre, il n'est pas rigoureusement nécessaire, comme le dit M. de
Martens (pag. 121 du Manuel), que l'ouverture du congrès soit
précédée d'une trève ou d'une suspension d'armes. Il suffit que le
lieu fixé pour la réunion, et ses environs, dans un rayon déterminé,
soient déclarés en état de neutralité.

6.

ministre puisse recevoir , dans le plus bref délai possible , les ordres de sa Cour , sur les communications
qu'il devra lui faire parvenir pendant la tenue du
congrès.

L'état actuel des rapports qui lient entre eux les divers peuples de l'ancien et du nouveau monde , impose
à chaque Gouvernement le devoir de veiller à ce qu'il
ne puisse être stipulé entre d'autres puissances, aucune
convention préjudiciable à la Nation dont les intérêts
lui sont confiés.

Dans cette situation respective des Gouvernemens ,
le droit des gens universel et positif prescrit , sinon
d'inviter , au moins d'admettre à participer aux délibérations du congrès , toutes les Puissances qui , sous un
rapport quelconque , peuvent être intéressées aux ré-
sultats de ces conférences. Lorsqu'un Gouvernement
est informé du projet arrêté par quelques Puissances ,
de se réunir en congrès , il est naturel et de droit pour
ce Gouvernement , de leur demander et d'en exiger la
déclaration formelle et positive du rapport que les affaires qui doivent en faire l'objet peuvent avoir à ses
propres intérêts. Une fois assuré que rien de ce qui les
concerne ne sera le sujet des délibérations , il ne reste
à chaque Gouvernement qu'à employer les mesures de
prudence que les leçons de l'histoire conseillent quand
d'autres puissances s'enveloppant du voile du mystère ,
exigent qu'on s'en rapporte à leur bonne foi.

Mais si en reconnaissant que les affaires dont le congrès va s'occuper , peuvent avoir un rapport quelconque

à vos intérêts , les Puissances réunies refusent cependant de vous admettre à y prendre part, ou si en vous y admettant, elles prétendent exercer un droit de suprématie ; si elles prenaient séparément des décisions qu'on vous laisserait ignorer, ou qu'on ne vous communiquerait que comme des bases arrêtées et incontestables des discussions ultérieures du congrès ; dans tous ces cas, le devoir d'un ministre qui représente un Souverain au congrès, est d'en soutenir la dignité par les protestations les plus solennelles contre les obligations qu'on ne manquerait pas d'induire à la charge de sa Cour, comme ayant été présente et ayant acquiescé à tous les actes *faits* ou *rapportés* en séances générales.

Un ministre au congrès doit également se tenir en garde contre les prétentions qu'auraient les Puissances réunies, ou, pour parler plus exactement, les Puissances les plus influentes, de s'immiscer dans les affaires qui ne peuvent intéresser que sa Cour dans ses rapports avec un autre Gouvernement. Le ministre qui stipulerait sous de tels auspices, qui placerait sous la garantie du congrès des stipulations étrangères aux intérêts généraux qui en font l'objet, compromettrait à la fois la dignité et l'indépendance du Souverain qu'il a l'honneur de représenter. On ne manquerait pas d'alléguer en temps et lieu ces stipulations, et peut-être même de vouloir les soutenir par la force, comme autant d'articles convenus et faisant désormais partie du droit positif des Nations, de ce droit au maintien duquel tous les Gouvernemens , tous les peuples doivent concourir, sans se permettre le moindre examen.

6*

Ceci nous amène à définir les fonctions du ministre d'un Etat médiateur, soit dans le cas où les Etats en faveur de qui la médiation est exercée, envoient leurs agens au congrès, soit lorsqu'elles s'en rapportent aux soins du ministre de la Puissance médiatrice.

M. le baron de Martens a abordé ce sujet dans le premier chapitre de son ouvrage, §. 4, page 17. Mais il s'est borné à donner une défininion générale du ministre médiateur. Il nous semble nécessaire d'indiquer les diverses modifications dont ce caractère est susceptible, la manière dont il doit être conféré et déployé, enfin les fonctions, les droits et les devoirs qui y sont attachés.

Notre but, ainsi que nous l'avons dit daus notre avant-propos, n'est pas de compléter l'ouvrage de M. de Martens, mais seulement d'y ajouter quelques observations qui tendent plutôt à rectifier des principes, qu'à étendre les limites de la science. Nous nous bornerons donc à faire sur le ministre médiateur et ses attributions, quelques remarques qui nous paraissent absolument liées au sujet, sans sortir du cercle que nous nous sommes tracé.

Il convient d'abord de distinguer le *médiateur officieux* de celui qui se rend médiateur pour ses propres intérêts. Il est aisé de concevoir que dans ce dernier cas, les fonctions du ministre de la Puissance médiatrice, seront d'autant plus compliquées qu'il aura d'intérêts de son Souverain à démêler et à débattre en même temps qu'il devra soigner ceux de la puissance médiatisée.

Il faut, à plus forte raison, distinguer le *simple média-teur*, du *médiateur fondé de pouvoirs*, c'est-à-dire de celui auquel la Puissance médiatisée s'abstient d'adjoindre un agent spécialement chargé de ses intérêts , parce qu'elle met toute sa confiance dans la Puissance médiatrice.

Ces divers caractères apportent nécessairement des modifications dans la manière de conférer le titre de médiateur.

En effet, si le ministre médiateur n'a qu'à interposer les bons offices de sa Cour , pour applanir quelques diffiultés , faire cesser quelques préventions qui s'opposaient à ce que deux Gouvernemens s'entendissent et se conciliassent , le rôle de médiateur ne pouvant compromettre les intérêts d'aucune des parties , il suffira, pour faire reconnaître cet agent , que les ministres des Puissances intéressées déclarent qu'elles l'admettent en cette qualité. L'acte le plus simple dans ses expressious, suffira également pour conférer le titre de ministre *médiateur officieux*, et pour le légitimer auprès du congrès.

Mais si les intérêts de la puissance médiatrice se trouvent compliqués avec ceux de la Puissance qui a recours à la médiation , le rôle du ministre de la première, appelé à représenter cumulativement son Gouvernement et le Gouvernement médiatisé , devient plus difficile et plus délicat. Alors aussi, pour faire connaître sa qualité de médiateur , il doit présenter , de la part de ce dernier Gouvernement , des pouvoirs plus développés et plus formels. Il est vrai que le dernier résultat des conférences , et généralement de toute négociation diplomatique, n'est censé obligatoire qu'après la ratification des Souverains respectifs. Mais il y aurait beaucoup d'inconvéniens, surtout dans les discussions longues et compliquées d'un congrès, à ce qu'on négociât avec un ministre dont la médiation pourrait être désavouée.

Aussi rien de plus difficile pour un ministre qu'une mission de cette nature. Nous ne croyons donc pas hors de propos de fixer l'attention du diplomate qui serait appelé à ce rôle délicat sur ce que la prudence, l'honneur, la probité exigent de lui.

Loin de nous d'admettre d'une manière illimitée ce principe « que le négociateur doit toujours préférer les intérêts de son maître à ceux des autres Puissances avec qui ou en faveur de qui il est chargé de négocier ».

En effet, si ce principe est admis dans toute sa généralité par les ministres de deux Puissances ayant des intérêts différens à traiter ensemble, si ces ministres l'appliquent à la fois, au lieu de viser à se concilier, ou ce qui revient au même, à concilier les intérêts des deux Souverains, chacun d'eux ne visera qu'à faire prévaloir ceux du sien, qu'à faire pencher la balance de son côté, qu'à rompre de plus en plus l'équilibre, et enfin à perpétuer par tous les moyens de la finesse et de la chicane, les différends qu'il était chargé de terminer.

Si au contraire, le négociateur, au lieu de chercher à prendre son adversaire dans ses filets, songe à lui présenter un accommodement dans lequel les intérêts d'une partie ne l'emportent pas sur ceux de l'autre, un accommodement dans lequel les pertes et les avantages soient également compensés, le succès d'une telle négociation basée sur la plus rigoureuse équité, et conduite avec une *impartialité réciproque*, sera plus assuré et son résultat plus durable, que si les deux ministres, ou ce qui serait pis encore, si tous les ministres d'un congrès s'évertuaient à jouer au plus fin les uns envers les autres, et si chacun d'eux cherchait à faire tourner les décisions à l'avantage exclusif de sa Cour.

Quel est l'homme le moins fin, demandait-on à un philosophe ? *Celui qui croit l'être plus que tout autre*, répondit-il.

Raison, *impartialité*, *énergie*, *dignité*, voilà les seules armes dont il soit permis de se servir en diplomatie. Le ministre qui prétendrait avoir recours à d'autres moyens pour soutenir les intérêts de son Souverain, courrait risque de saper les fondemens du trône le mieux affermi. Employés à l'appui du faible, ils ne serviront qu'à le rendre méprisable ; en faveur du fort, ils rendront sa supériorité plus odieuse.

En recevant ses instructions, le ministre qui doit gérer les affaires communes à deux Cours, doit exiger que les intérêts de l'une et de l'autre y soient non-seulement distingués avec la plus grande clarté, lorsqu'ils peuvent être différens, mais encore classés dans l'ordre de subordination qu'ils doivent occuper dans le cours de la négociation.

C'est en pareil cas surtout que la religion du ministre public est mise à l'épreuve, et c'est ici qu'est applicable le conseil donné par M. de Martens, pag. 36, au sujet des *Instructions. Pour bien faire*, dit-il, *il faudrait, et surtout dans les affaires importantes, que le négociateur discutât, pour ainsi dire, avec le ministre secrétaire d'Etat, les affaires dont il doit être chargé, afin d'en mieux connaître toute la portée et l'étendue.*

Mais ci cette discussion ne fait que convaincre le négociateur de l'impossibilité de concilier les instructions auxquelles il doit se conformer, avec les principes d'honneur et de dévoûment aux intérêts de sa Nation et à la dignité de son Prince, principes que sa conscience lui fait un devoir de ne jamais trahir, quelle sera, quelle devra être dans cette circonstance la conduite du négociateur ? Notre auteur n'a pas cru nécessaire de le dire, et nous garderions le même silence, si des exemples fâcheux de vacillation et d'incertitude ne nous portaient à croire qu'il peut être utile d'énoncer ou plutôt de rappeler la règle que doit suivre le ministre en pareil cas. *Celui qui ne sait point capituler avec l'honneur, ne doit se charger à aucun prix d'une commission qu'il n'est pas en son pouvoir de bien conduire, ou qu'il se trouve dans l'impossibilité d'accorder avec des principes dont il ne saurait se départir.*

DE LA RATIFICATION.

I.

« Ce n'est qu'après l'échange des ratifications , qu'un
» traité ou une convention devient obligatoire , et
» cela à dater du jour de la signature , à moins
» qu'on ait expressément stipulé autrement. » *Man.
dipl.* , *pag.* 186.

Il faut distinguer ici l'obligation contractée par le
Gouvernement, d'avec celles que les conventions ou
traités peuvent imposer aux sujets de ce Gouvernement.

Quant au Souverain , le principe posé par l'auteur
est sans doute le plus général, s'il entend par la *signature*, celle de l'acte de ratification , et non celle du traité.
Ce principe admet cependant quelques exceptions,
celles résultant évidemment de la nature spéciale des
stipulations qui ne pourraient recevoir leur exécution
dans le terme déterminé.

Quant aux sujets, il ne peut en être ainsi. Le traité
ne devient obligatoire pour eux que par l'ordonnance

de publication, qui se trouve quelquefois comprise dans
l'acte de ratification, qui d'autre fois en est séparée par
une conséquence de la teneur même de cet acte. Mais
à quelle époque et de quelle manière que cette publication ait lieu, c'est par elle seulement que le traité reçoit
le caractère de loi, et que les particuliers peuvent connaître les stipulations qu'il contient. Ils ne peuvent donc
être soumis à ces stipulations, qu'à l'expiration du terme
auquel, d'après les constitutions du pays, les dispositions des lois deviennent obligatoires.

FIN.

www.ingramcontent.com/pod-product-compliance
Lightning Source LLC
Chambersburg PA
CBHW071454030726
47593CB00003B/991